L'auteure, Dominick Parenteau-Lebeuf

Publications - théâtre :
- *Portrait chinois d'une imposteure*. Lansman, 2003
- *Dévoilement devant notaire*. Lansman, 2002
- *L'autoroute*. Lansman, 1999
- *Poème pour une nuit d'anniversaire*. Lansman, 1997
- *Hamlette, conte à une voix de fille soûle comme une
    Polonaise*. In *38E*, Dramaturges Éditeurs, 1996

Traduction - théâtre :
- *Dans le sang (In the blood)* de Suzan-Lori Parks, 2001

Publications - prose :
- *Vices cachés*. In *Mœbius N°99*, Triptyque, 2003
- *Gazons mythiques*. In *Une enfance en noir et blanc*, Les 400
    coups, 2002
- *Vive la Canadienne !*. Voir, 1998
- *Graffitis*. Cahiers de théâtre Jeu, 1996

Autres textes inédits (sélection) :
- *Catwalk - Sept voix pour sept voiles* (2002)
- *Radiations Tcherenkov*. In *Univers* (2000)
- *Madrid* (1998)
- *Le poète sur son rocher trouve dans la nature son
    inspiration* (1998)
- *Comme une enfant de Dada* (1997)
- *Nacre C* (1996)

La plupart de ces textes ont été mis en scène, en espace, en
lecture, donnés en performance par l'auteure ou produits à la
radio, tant au Québec et au Canada français qu'en Europe.

-

Originaire de Saint-Blaise-sur-Richelieu (Québec), Dominick
Parenteau-Lebeuf a vécu au Canada, en France et en Australie.
Elle habite Montréal. Diplômée d'écriture dramatique de l'École
nationale de théâtre du Canada (1994), elle se consacre
essentiellement à l'écriture de fiction et à la traduction de romans
et de pièces de théâtre. Elle a été accueillie en résidence au
Théâtre le Carrousel (Montréal), au Festival international des
Théâtres Francophones (Limoges), au Royal Court Theatre
(Londres), par le CEAD – lors de deux de ses résidences d'écriture
et de traduction – et au Théâtre français de Toronto.

D/2003/5438/428   ISBN 2-87282-427-8

- Théâtre -

Portrait chinois d'une imposteure

Dominick Parenteau-Lebeuf

- Lansman Éditeur -

La table des scènes :

*

Portrait chinois d'une imposteure a bénéficié d'un atelier dramaturgique offert par le Centre des auteurs dramatiques (CEAD), en décembre 2002. Au cours de cet atelier, Paule Baillargeon a dirigé les comédiennes Markita Boies, Louise Bombardier, Céline Brassard et Valérie Cantin, que l'auteure remercie pour leur générosité et leur capacité à vibrer au milieu d'un chantier poétique.

*

Portrait chinois d'une imposteure a été écrite dans le cadre d'une résidence au Théâtre français de Toronto (TfT), à l'invitation de son directeur artistique, Guy Mignault.

Lecture : Semaine de la dramaturgie du Centre des auteurs dramatiques, le 5 décembre 2003, par l'équipe de création.

Création : du 4 au 21 février 2004, au Berkeley Street Theatre (Toronto).

Production : Théâtre français de Toronto, en collaboration avec le Théâtre français du Centre national des Arts (Ottawa).

Mise en scène : Paule Baillargeon.

Avec Mélanie Beauchamp (Milli), Lina Blais (Doris), Stéphanie Broschart (Nice), Geneviève Langlois (Inès Lusine), Olivier L'Écuyer (Le maquilleur) et Patricia Marceau (Candice de LaFontaine-Rotonde / La survenante).

Scénographie et éclairage : Glen-Charles Landry. Costumes : Sarah Balleux. Musique originale : Yves Laferrière. Régie : Emmanuelle Langelier. Direction de production : Sean Baker.

*

L'auteure remercie le Conseil des arts du Canada pour le soutien à la recherche et à la création.

Merci à Guy Mignault pour la confiance et la liberté. Un peu de mégalomanie n'a jamais fait de mal à personne. Nasdarovia !

Merci à Marie Auclair, conseillère en dramaturgie au Centre des auteurs dramatiques, pour son service d'urgence, ses précieux conseils et sa foi en ce texte depuis les premiers balbutiements.

Merci à toute l'équipe du TfT, particulièrement à Ghislain Caron, pour son professionnalisme et son enthousiasme.

Merci à Louise Bombardier et à Joséphine Quallenberg. Elles savent pourquoi.

Et merci à Paule Baillargeon, celle qui aime les premières fois.

DPL

Les personnages :

- Le maquilleur : un homme d'âge mûr.
- Candice de LaFontaine-Rotonde (La survenante) : auteure dramatique, jeune trentenaire.
- Inès Lusine : animatrice de "Portrait chinois", 40 ans.
- Doris : l'aînée, sans âge ; la perfectionniste.
- Milli : la cadette, sans âge ; l'angoissée.
- Nice : la benjamine, sans âge ; celle qui doute.
- Vox maternalis : la voix de Clémence, la mère de Candice.
- Les quatre sœurs sous le plancher : les voix de Uranie, Calliope, Thalie et Polymnie, les sœurs de Doris, Milli et Nice.

Le décor :

- La salle de maquillage se compose d'une seule chaise.
- Le plateau télé est meublé du divan de l'animatrice, du fauteuil de l'invité et d'une petite table.
- Le bureau des Éditions du Miroir de l'âme – une pièce fermée (la tête de l'auteure) percée de deux fenêtres (ses yeux) – contient trois chaises, un bureau, le columbarium et le pot géant.
- Sous le plancher, là où sont tenues prisonnières Uranie, Calliope, Thalie et Polymnie, les quatre sœurs de Doris, Milli et Nice. Leur présence comme le lieu doivent être suggérés (ombres chinoises, vidéo, marionnettes, etc.).

Notes de l'auteure :

Un portrait chinois est un portrait esquissé à l'aide de questions commençant par "si vous étiez" et de réponses débutant par "je serais". Une sorte de questionnaire de Proust.

Le masque que Candice / La survenante porte est inspiré par les personnages représentant l'Été et l'Automne dans la série de tableaux *Les Saisons* de Giuseppe Arcimboldo.

Les "épilepsies" sont des états d'anxiété, de souvenirs névrosés, de fuites éveillées qui transforment l'univers en lieu cru et abrasif.

La poire d'angoisse utilisée par La survenante à la scène 8 (Torture) est un instrument de torture buccale, un bâillon en fer en forme de poire destiné à étouffer les cris. Elle peut être remplacée par un poing qu'on enfonce dans la bouche.

PROLOGUE

Noir. Coups frappés à la porte.

Le maquilleur : Oui ?

(Lumière sur la salle de maquillage : une chaise de maquillage, une porte et deux mains, qui sont à la fois la présence du maquilleur et sa façon de s'exprimer. La porte s'entrouvre)

Candice *(dissimulée derrière la porte)* : "Portrait chinois", c'est ici ?

Le maquilleur : Vous êtes Candice de LaFontaine-Rotonde ?

Candice *(dissimulée derrière la porte)* : Euh... On peut dire ça, oui...

Le maquilleur : Qui que vous soyez, entrez. Je ne vous attendais plus.

(Un sac en bandoulière, Candice entre, masquée d'un loup décoré de fruits et légumes à la Arcimboldo)

Candice : Je... je m'excuse du retard... Je... je ne savais pas quoi mettre...

Le maquilleur : On dirait bien, oui. Asseyez-vous. *(Elle s'exécute. Il attend qu'elle ôte son masque, mais comme elle n'en fait rien...)* Belle journée pour aller aux fraises, hein ? Je vais encore rater la saison si...

Candice *(le coupant)* : Je ne suis jamais passée à la télévision.

Le maquilleur : Et à ce que je vois, ça vous angoisse un peu. *(Oui)* On m'a dit votre nom, mais pas ce que vous faites. Ou ce que vous êtes. Enfin, vous voyez ce que je veux dire.

Candice : Oui. Je suis...

Le maquilleur *(la coupant)* : Non. Attendez. Ne dites rien. Vous êtes... auteure. *(Oui)* Eh bien voilà ! Les auteurs. Toujours cachés dans un coin, sous un pseudonyme, à la campagne, chez un psychanalyste, sous un masque... *(Il tente de lui ôter son masque, sans succès)* Et vous écrivez quoi, Mᶫᶫᵉ Fruits & Légumes ? Du théâtre, j'imagine. *(Oui)* Et on peut connaître le titre de la pièce qui vous a conduite jusqu'ici ?

Candice : Portrait chinois d'une...

Le maquilleur *(la coupant)* : "Portrait chinois" ? Non ! Vous l'avez fait exprès ?

Candice : Je n'ai rien fait exprès. La pièce s'appelle Portrait chinois d'une imposteure.

Le maquilleur : Portrait chinois d'une imposteure. En effet, la nuance est de taille. *(Temps)* L'imposture. La posture du trompeur. C'est ma spécialité. C'est aussi la vôtre, non ?

Candice : Qu'est-ce qui vous fait dire ça ?

Le maquilleur : Un vieux fond d'instinct animal... *(Temps)* Il va falloir ôter votre masque. Je ne peux pas vous maquiller par-dessus. J'aime bien le second degré, mais tout de même... *(Il tente de le lui ôter, mais en vain)* Qu'est-ce que vous êtes venue faire ici ?

Candice : Qu'est-ce que vous voulez dire ? Inès Lusine m'a invitée... Quoi ? Votre vieux fond d'instinct vous dit que je n'ai pas ce qu'il faut pour que tout le monde me regarde ?

Le maquilleur : Calmez-vous. Vous êtes à une émission culturelle. Personne ne vous regarde. ... Dites-moi seulement ce qui vous met dans cet état.

Candice : C'est que je... je n'ai jamais parlé... publiquement en tant que... Je n'ai pas écrit... Enfin, ce n'est pas ça... J'ai écrit, mais vous savez ce que c'est... J'ai un parcours particulier... Bon, il y a cette pièce...

Le maquilleur : Portrait chinois d'une imposteure.

Candice : Oui. Et là, il y a une production. Risquée, bien sûr. Ça vient avec, on dirait. Il y a le sujet, c'est... Ça commence ce soir... Je ne suis pas connue, vous savez... Et j'ai accepté de venir ici pour en parler... Il y a l'aspect vente aussi, mais... C'était quoi votre question ?

Le maquilleur : Faites comme si vous aviez fait ça toute votre vie et n'y pensez plus.

Candice : Et si je me mets à bafouiller, à être confuse, à dire n'importe quoi ?

Le maquilleur : Vous ne serez pas la première, mais si ça vous gêne, faites semblant que vous avez pris des stupéfiants. Je peux même vous faire un teint d'intoxiquée, si vous voulez.

Candice : Je ne sais pas si...

Le maquilleur : Cessez de vous en faire à...

Candice *(le coupant)* : De m'en faire accroire ?

Le maquilleur : De vous en faire à outrance. De vous tourmenter, si vous préférez. Inès anime cette émission depuis cinq ans ; elle en a vu d'autres.

Candice : D'autres quoi ?

Inès *(off)* : Cinq minutes !

Le maquilleur : Quand on parle du loup...

Candice : Mon Dieu... Maman... C'est sa voix...

Le maquilleur : Calmez-vous, c'est seulement Inès. C'est elle qui fait le décompte avant l'entrée en ondes. Ça l'aide à focaliser. *(Pause)* À moins que vous ne l'ayez invitée ?

Candice : Qui ? Ma mère ? *(Pause)* Non... Elle est morte, l'an passé.

(Silence. Le maquilleur pose ses mains sur les épaules de Candice)

Le maquilleur : Un conseil.

Candice : Hum ?

Le maquilleur : Soyez vous-même en dernier recours.

Candice *(après un temps)* : Comment on maquille ça, une auteure ?

Le maquilleur : Ça dépend. Sur qui j'applique le maquillage ?

(Candice ôte son masque. Autour d'elle, tout est plongé dans le noir, sauf son visage et les mains du maquilleur qui s'activent à la maquiller. Les mains disparaissent et, pendant un moment, il n'y a plus que le visage de l'auteure dramatique sur scène. Puis, c'est le noir)

1. ÉMISSION

Plateau télé de "Portrait chinois" : le divan de l'animatrice, le fauteuil de l'invitée et la petite table, sise entre les deux sièges et sur laquelle se trouve le manuscrit de PORTRAIT CHINOIS D'UNE IMPOSTEURE. Inès Lusine surgit du noir au son de l'indicatif musical de l'émission.

Inès : Madame, Monsieur, bon après-midi. Ici Inès Lusine, et vous regardez "Portrait chinois", votre magazine culturel, où depuis cinq ans, sans faille, je pratique la vivisection à froid sur des artistes à chaud. Eh oui ! C'est déjà la dernière de la saison. De ma cinquième saison. Comme le temps passe ! Quelqu'un me demandait l'autre jour : "Qu'est-ce que cinq saisons, Inès ?" Mais rien, lui ai-je répondu, rien du tout. D'aucuns diront que ça ravine, mais moi j'affirme que c'est une fontaine de jouvence ! Surtout lorsqu'on se sait regardée, appréciée par des téléspectateurs tels que vous, Madame, Monsieur. Et ça, c'est sans parler de l'amour que je reçois des artistes qui passent par ici. Non, pour moi, la première était hier encore. Voilà. C'est dit maintenant. En vous quittant la semaine dernière, je vous avais promis, pour célébrer l'anniversaire de l'émission, des surprises, bien sûr, mais surtout une entrevue exceptionnelle, un portrait chinois intime du grand acteur Miloud Rousset. Malheureusement, mon grand ami Miloud a dû s'envoler pour Paris où il est l'invité du "Bernard Bouillon Show". Ce sont des choses qui arrivent. C'est donc la mort dans l'âme que je me suis mise à fouiller l'actualité culturelle pour dénicher un artiste, quelque chose qui susciterait mon intérêt. Et je l'ai trouvé hier, en désespoir de cause, en la personne de Candice de LaFontaine-Rotonde – oui, oui, c'est son nom ! –, une jeune dramaturge obscure – quoiqu'en pleine ascension me dit-on – dont la plus récente pièce – PORTRAIT CHINOIS D'UNE IMPOSTEURE – sera créée ce soir au très branché Molosse Moquette Café. C'est donc avec une curiosité... intéressée que je l'accueille aujourd'hui. *(Lumière)* Bon après-midi, Mlle de LaFontaine-Rotonde.

Candice : Bon après-midi, Mme Lusine.

Inès *(comptant les pieds sur ses doigts)* : Ma-de-moi-sel-le-de-La-Fon-tai-ne-Ro-tonde. C'est un alexandrin ! Ça sied bien à une auteure, mais *(idem)* a-fin-que-nous-n'y-pas-sions-point-l'a-près-mi-di *(alexandrin)*, puis-je vous appeler Mlle Rotonde ?

Candice : Seulement si je peux vous appeler Mme Zine.

Inès : Et vlan ! Je vois qu'on ne rigole pas avec son nom.

Candice : Je ne m'appelle pas Candice Trayante.

Inès : Can... distrayante.

Candice : Elle est de mon père.

Inès : Joli. On s'entend sur Candice ? *(Oui)* Parfait. Si on sait peu de chose sur mon invitée, c'est qu'elle est peu, voire pas connue. Tout ce qu'on sait, c'est qu'elle a étudié à l'Académie nationale d'art dramatique et qu'elle a quelques pièces à son actif. Deux d'entre elles, aux titres alléchants – *FILLES DE GUERRES LASSES* et *MISS BÉRÉNICE SOUS LES BOMBES* –, ont été créées dans des théâtres de poche et vues par une poignée d'initiés. À l'époque, les critiques ont parlé d'une écriture "sompteuse et singulière", d'une plume "grinçante et spirituelle". Puis, elle a disparu de la carte. Cinq ans plus tard, elle refait surface avec une nouvelle pièce. Parcours pour le moins mystérieux, mais n'ayez crainte, Madame, Monsieur, quand j'en aurai fini avec elle, nous saurons vraiment qui elle est. Si je me suis intéressée à cette jeune auteure re-montante, c'est donc à cause de ce dernier texte dont le titre – *PORTRAIT CHINOIS D'UNE IMPOSTEURE* – nous rappelle quelque chose de très, mais très familier. D'emblée, Candice, avouez-le : c'est mon émission qui vous a inspirée.

Candice : Euh... non.

Inès : Non ? *(Instant de stupéfaction)* Ah bon. J'aurais juré.

Candice : Je ne sais pas comment le dire autrement : je n'ai jamais regardé votre émission.

Inès : Après cinq ans d'antenne ? Vous me faites marcher ! La colonie artistique au complet est passée chez Inès Lusine.

Candice : Je sais, mais je n'ai pas la télé.

Inès : Pas la télé ? Pas de huitième art dans votre vie ? À notre époque, c'est comme un aveu d'illettrisme. Vous sortez d'où, Candice ?

Candice : Je sors d'où ? Je... Je ne suis pas sûre de comprendre ce que vous...

Inès *(la coupant)* : Eh bien, tout simplement ce que ça veut dire : d'où sortez-vous ? Par quelle porte êtes-vous entrée dans le paysage culturel ?

Candice : Vous voulez savoir d'où je sors ou par où je suis entrée ?

Inès : Peu importe. Répondez.

Candice : Bien, j'étais entrée par la porte de l'Académie... Je suis ressortie... Et là, j'entre par... par la porte de cette pièce, c'est-à-dire que je sors de l'écriture de cette pièce...

Inès : Oui, bon, enfin. Et pourquoi ce PORTRAIT CHINOIS D'UNE IMPOSTEURE maintenant ?

Candice : Certains textes sont une question de vie ou de mort.

Inès : Ah ! non. Pas ça. Pas vous, Candice. Une jeunesse ! Vous n'allez tout de même pas me servir la vieille salade de clichés. Étonnez-moi !

Candice : Ce ne sont pas des clichés, Inès.

Inès : Mais oui, c'en sont ! Allez, plongez ! Si ce n'est pas à cause de mon émission, pourquoi ce titre ? Pourquoi ce texte ? Pourquoi l'imposture ? Pourquoi ?

Candice *(après un temps)* : Je peux m'asseoir pour répondre à vos questions ?

Inès : Non ! J'ai oublié de vous inviter à vous asseoir. C'est la première fois en cinq ans. Vous êtes témoins, Madame, Monsieur. Ah ! la fièvre de la dernière. Nous reviendrons à votre pièce plus tard, Candice. Asseyez-vous, asseyez-vous, je vous en prie. *(Toutes deux s'installent sur leur siège respectif)* Je présume que vous connaissez le principe du portrait chinois, alors sans plus tarder, allons-y. Portrait chinois de Candice de LaFontaine-Rotonde. *(Sonal)* Une première catégorie, un petit sprint pour vous réchauffer. Ça s'intitule "Les cinq sens de l'enfance". Candice, si vous étiez une vision de l'enfance ?

Candice : Je serais une petite fille qui regarde son père disparaître dans la tempête pour aller chercher du bois de chauffage.

Inès : Si vous étiez un goût ?

Candice : Celui de l'eau de mer.

Inès : Si vous étiez une odeur ?

Candice : Celle des cendres froides.

Inès : Si vous étiez un toucher ?

Candice : La douceur des draps de mon lit.

Inès : Si vous étiez un son ?

Candice : La voix de ma mère.

Inès : La voix de votre mère. Qui s'appelle ?

Candice : Clémence.

Inès : Clémence qui nous regarde sans doute en ce moment et que je salue. Poursuivons avec la seconde catégorie : le métier de l'écriture. Votre métier, Candice. Si vous étiez un objet ?

(Épilepsie. Lumière sur Candice, enfant, qui écrit son nom, penchée sur la petite table)

Vox maternalis *(épelant)* : C-a-n-d-i-c-e-d-e-l-a-f-o-n-t-a-i-n-e-r-o-t-o-n-d-e. Candice de LaFontaine-Rotonde, l'objet de mon amour.

Candice : L'objet de ton amour, Clémence ? Qu'est-ce que ça veut dire ?

Vox maternalis : Je t'ai dit de ne pas m'appeler Clémence. Je ne suis pas une monitrice de camp de vacances, mais ta mère. Ta maman. Et comment écrit-on "maman" ?

Candice *(épelant)* : M-a-m-a-n.

Vox maternalis : Cinq ans et déjà lettrée ! Tu seras une grande auteure, c'est évident. Maintenant, l'objet de mon amour, ça veut dire que tu es ce vers quoi tend tout mon amour de mère.

Candice : Tend tout ton amour de mère... ?

Vox maternalis : Exact. Tu as fini, maintenant ?

Candice *(continuant d'écrire)* : Presque. C'est long...

Vox maternalis : On ne dit pas long, on dit... ?

Candice : Majestueux.

Vox maternalis : Exact. Avec majesté, tu nous traînes derrière toi, ton père et moi.

Candice *(tendant la feuille où elle a écrit son nom)* : J'ai fini, maman. C'est pour toi. Je te donne mon nom : Candice de LaFontaine-Rotonde, l'objet de ton amour.

(Poursuite de l'épilepsie. Inès apparaît parlant dans un porte-voix, debout quelque part dans l'espace. Candice est couchée sur le divan, comme en séance de psychanalyse)

Inès : Alors, Candice, ça vient cet objet ? Ne cherchez pas midi à quatorze heures.

Candice : Je serais une éponge.

Inès : Tout ce temps pour en arriver à un animal primitif et poreux ! Ça s'annonce palpitant. Dépêchons-nous d'enchaîner. Si vous étiez quelqu'un ?

Candice : Ça fait partie des questions sur le métier de l'écriture ?

Inès : Mais oui, il faut être quelqu'un pour écrire. Moi, quand j'écrivais, j'étais quelqu'un !

Candice : Quand vous écriviez ?

Inès : J'étais quelqu'un !

Candice : Quand vous écriviez ?

Inès : J'étais quelqu'un !

Candice : Quand vous écriviez ?

Inès : J'étais... Assez ! Répondez ! Si vous étiez quelqu'un ?

Candice : Vous voulez dire une personne accomplie ou une personne non identifiée ?

Inès : Accomplie ET non identifiée, c'est tout vous ça, non ?

Candice : Non, non... Je suis seulement Candice de LaFontaine-Rotonde.

Inès : Bien, mais qui est Candice de LaFontaine-Rotonde ?

Candice : Je ne sais pas...

Inès : Ça nous fait une belle jambe ! Alors, redites-moi au moins votre nom.

Candice : Candice de LaFontaine-Rotonde.

Inès : Encore.

Candice : Candice de LaFontaine-Rotonde.

Inès : Une autre fois.

Candice : Candice... de... LaFontaine...

(Candice se met à pleurer)

Inès : J'attends.

Candice : Je suis incapable !

Inès : Donc, à la question "si vous étiez quelqu'un ?", vous répondez "je suis une incapable", c'est ça ?

(Fin de l'épilepsie. Reprise de l'action et des positions de chacune à la question même qui a déclenché l'épilepsie)

Inès : Alors, si vous étiez un objet ?

Candice : Par "objet", vous entendez un objet d'écriture comme un crayon, Inès ?

Inès : Tout simplement, Candice. Qu'est-ce que vous vous imaginiez ?

Candice *(après un temps)* : Je serais le bout de mes doigts.

Inès : Le bout de vos doigts ? Dans le sens de... *(imitant des doigts sur un clavier)* ? *(Oui)* On n'a plus les objets qu'on avait. Maintenant, dites-moi : si vous étiez une pièce de théâtre ?

Candice : Je serais PORTRAIT CHINOIS D'UNE IMPOSTEURE.

Inès : Ah bon. Et pas – je ne sais pas, moi – LES FEMMES SAVANTES, LES BONNES, LES BELLES-SŒURS, LES TROIS SŒURS ?

Candice : LES TROIS SŒURS ?

Inès : Ce que je veux dire, c'est que vous avez l'embarras du choix...

Candice : Non, je ne serais pas les pièces des autres.

Inès : Très bien, mais LES TROIS SŒURS, ce n'est pourtant pas vilain comme pièce. Vous aimez Tchekhov ?

Candice : C'est un maître pour moi.

Inès : Ah ! Enfin de l'action. Et si vous étiez un personnage de théâtre, Candice ?

Candice : Je serais...

(Fondu au noir sur le plateau télé alors que les quatre sœurs sous le plancher crient : "Moi, Candice ! Moi ! Moi, Candice ! Moi !" Puis on entend trois coups de talon, donnés par Doris, qui font taire les quatre sœurs et qui correspondent en même temps aux trois coups de brigadier qui signalent le début de la pièce... Puis c'est le silence et le noir)

2. Bienvenue aux Éditions du Miroir de l'âme

Doris, Milli et Nice – un chœur post-moderne donc à l'unisson relatif – apparaissent. Elles sont dans un lieu transitionnel, en route vers leur travail.

Doris : Bonjour. Je suis Doris. Et voici...

Milli : Milli. Enchantée. Bonjour.

Nice : Moi, c'est Nice... N-i-c-e... Bonjour...

Doris, Milli et Nice : Bienvenue aux Éditions du Miroir de l'âme.

Doris : Dont je suis l'éditrice.

Milli : Où nous sommes attachées d'édition. Nice et moi. Milli.

Nice : Les Éditions du Miroir de l'âme...

Milli : C'est Nice qui a trouvé ce nom... dramatique...

Nice : À cause des yeux... De ce qu'on en dit...

Doris, Milli et Nice : "Les yeux sont le miroir de l'âme."

Doris : Milli, Nice et moi lisons les œuvres dans le miroir de l'âme de l'auteure.

Nice : C'est entendu qu'en lisant dans un miroir...

Milli : On lit à l'envers...

Nice : Mais dans le domaine de l'édition, c'est... une priorité.

Doris : N'oubliez pas qu'un auteur essaie toujours de se défiler.

Nice : Un auteur ne dit jamais vraiment ce qu'il pense.

Milli : Un auteur tergiverse...

Doris : Toujours. Alors, en lisant dans un miroir...

Nice : On a plus de chances de saisir la vérité cachée...

Milli : Le mystère plein...

Doris : Ou le vide...

Milli : Derrière les mots.

Doris : La qualité réelle de l'écriture, quoi !

Nice : Ainsi, notre jugement sur l'œuvre...

Doris *(la coupant)* : Est toujours juste. Toujours.

Milli : Ça a l'air tordu, mais avec les auteurs, Doris dit que...

Doris : C'est comme ça et pas autrement.

Nice : Il faut être...

Doris : Sans équivoque.

Milli : Sans merci.

Doris : Sans détour.

Milli : Intraitables.

Doris : Implacables.

Milli : Incisives.

Doris : Exactement.

Nice : Les Éditions du Miroir de l'âme...

Doris : Dirigées par moi, Doris.

Milli : Mais commençons par le commencement.

Doris : Milli, faut-il absolument retourner aussi loin dans le temps ?

Nice : Ça t'agace, hein ?

Doris : Encore des problèmes de digestion, mon trésor ?

Milli : S'il te plaît, Doris. Avant d'arriver au bureau. Nous avons le temps de la raconter. En chemin. Depuis le début. Pour le thrill [1]. Et la clarté. D'accord ?

Doris *(après un temps)* : Pour la clarté, je suis prête à tout.

Nice *(pour elle-même)* : Pour garder la face aussi.

Milli : Bon. Retournons à l'origine. Parce qu'avant les éditions, il y a eu l'auteure...

Doris : Avant l'auteure, il y a eu les mots...

Milli : Avant les mots, il y a eu la matrice...

Nice : Et avant la matrice, il y a eu les géniteurs et le chaos.

Doris : Brrr !

(Avec sons, lumières et accessoires, Doris, Milli et Nice racontent et jouent la scène de la naissance mythique. Doris le fait en dilettante, davantage à sa manucure qu'à l'histoire)

Nice : Au commencement, tout était là, mais rien n'était en ordre.

Milli : C'était le néant originel : le tohu-bohu.

Nice : Puis il y eut la Mère et le Père...

Milli : Pas une Mère forte et charismatique comme dans d'autres mythologies...

Doris : Ce serait trop beau !

Milli : Mais une Mère au plafond bas et au sourire sombre...

Doris : Que d'euphémismes, mon Dieu !

Nice : Flanquée d'un Père stable et bien portant...

Doris : Quoi que...

Nice *(regardant Doris de travers)* : Flanquée d'un Père stable et bien portant...

Milli : Mais rongé d'inquiétude pour son épouse qui tremblait de tous ses membres...

Nice : Dans une tente aux murs de nylon...

Milli : Au cœur d'un camping municipal...

---

1. Thrill : émotion, frisson.

Nice : Sur la côte atlantique...

Milli : Un soir d'orage.

(Changement d'éclairage)

Nice : La Mère et le Père avaient pris leurs vacances d'été dans les Maritimes...

Doris : Au Nouveau-Brunswick...

Milli : Ils avaient été aspirés par les attractions étranges de ce bout de pays...

Doris : Le Nouveau-Brunswick...

Nice *(regardant Doris de travers)* : Le cap Enragé...

Milli : La côte magnétique...

Nice : Les chutes réversibles...

Milli : Le redoutable mascaret...

Nice : La Baie de Fundy et ses plus hautes marées au monde...

Milli : Le Grand Sault, là où les eaux du fleuve explosent au fond de la gorge...

Nice : Les plages à couper le souffle...

Milli : Les rivières aux noms à coucher dehors...

Nice : Miramichi...

Milli : Memramcook...

Nice : Restigouche...

Milli : Petitcodiac, Scoudouc, Kedgwick...

Nice : Bref, ils avaient été aspirés par l'aquatique et par...

Doris *(la coupant)* : Le Nouveau-Brunswick ?

Milli et Nice : Non ! Le charme apaisant du camping !

(Doris ricane en poursuivant sa manucure)

Nice : Mais ! La lune était en Poisson...

Milli : Et il pleuvait à boire debout...

Nice : Et le nylon n'était pas imperméable...

Milli : Et il ventait à écorner les bœufs...

Nice : Et, de jour en jour, juillet se changeait en un morne novembre...

Milli : Et c'était bel et bien le mois des morts dans le ventre de la Mère...

Nice : Enceinte de trois mois.

Doris : Limite, quoi.

Milli : D'heure en heure, l'eau menaçait d'envahir le camping...

Nice : Et d'emporter la famille mythique.

Doris : Et avec elle le Nouveau-Brunswick !

Milli et Nice : Doris !

Milli : Voilà pourquoi le Père était rongé d'inquiétude...

Nice : Car depuis qu'ils s'étaient "connus" dans des draps aux motifs étranges...

Milli : Dans une chambre bleu délavé...

Nice : Dans une ville-dortoir près d'une rivière polluée...

Milli : L'état dépressif de la Mère n'avait cessé d'empirer.

Doris : Et, il faut le dire, la météo dévastatrice qui s'acharnait sur le Nouveau-Brunswick n'arrangeait rien à l'affaire. *(Forcée par Milli et Nice qui se positionnent pour la scène de la crise dépressive, elle poursuit)* Alors que les éléments se déchaînaient autour d'elle, la Mère se berçait d'avant en arrière, les yeux hagards, les mains sur le ventre, et murmurait...

Milli et Nice : Je ne pourrai pas, je ne le veux pas, délivrez-moi... Je ne pourrai pas, je ne le veux pas, délivrez-moi... *(À volonté jusqu'au cri)* Aaaaah !

Doris : Soudain, à travers les rafales hurlantes, le Père reconnut le cri de sa femme.

Nice : Il termina en vitesse de solidifier les poteaux de la tente et entra en trombe dans la maisonnette de nylon.

Milli : Voyant son épouse qui sombrait dans les transes dépressives les plus profondes, il l'agrippa par les épaules et...

Doris : La secouant avec force et autorité...

Nice : Lui murmura à l'oreille des mots plus forts que l'orage...

Milli : Plus forts que sa prière à la déesse de l'avortement...

Doris *(en aparté)* : Mais pas plus forts que trois mois de dépression.

Milli et Nice : Doris !

Milli : Et le Père conjura le sort en imposant la solidité de sa matière aux vents violents qui secouaient son épouse.

Nice : Et six mois plus tard, au beau milieu d'un hiver glacial...

Milli : Et d'une tempête de neige inscrite dans les annales...

Nice : Le dos contre le mur de l'hôpital...

Doris : Incapable de faire les choses simplement dans cette famille.

Milli et Nice : La Mère expulsa une petite fille !

Milli : Et cette enfant qui portait en elle tout le drame maternel de la côte atlantique...

Nice : Et toute la force paternelle d'intervention tactique, c'était...

Doris : L'auteure de nos jours...

Milli : Notre matrice à nous...

Nice : Notre mère.

Milli et Nice *(après un silence)* : C'est un très, très beau mythe fondateur.

Doris : "Un très, très beau mythe fondateur." Je vous en prie, Mesdemoiselles. Objectivité et rigueur. Ce n'est pas parce que nous racontons notre histoire que nous pouvons pour autant nous laisser aller à une subjectivité sentimentale. N'oubliez pas que la littérature est une science exacte. Quoi qu'on en dise. Les faits, les faits et encore les faits. Il n'y a rien de beau là-dedans. La beauté n'est pas de ce monde. On y tend, voilà tout.

Nice : Sans doute, Doris.

Doris : Sans doute. Quelle expression ironique ! Reprenons qu'on en finisse. Donc...

Milli : De cette petite matrice façonnée de terre ferme et d'eaux tumultueuses...

Nice : Nous sommes venues au monde.

Doris : Oui. Milli, Nice et moi-même sommes sœurs. Trois sœurs. Un trio... électrique. Mesdemoiselles. Un, deux, un, deux, trois !

Doris, Milli et Nice *(dansant et chantant)* :
Nous sommes du même sang
Nous sommes de la même race
Trois sœurs comme un gant
Trois sœurs comme une glace
Toujours dans cent ans
Nous serons complices
Jamais deux sans trois
Doris Milli Nice *(ter)*
Do. Mi. Nice. Yeah.

(Toutes trois continuent de danser et Doris chante la chanson pour elle-même)

Nice : Doris ? Il y a un hic avec cette chanson, non ? Nous sommes sept. Pas trois. Sept...

Doris *(pointant Milli)* : Un, *(pointant Nice)* deux, *(se pointant)* trois. Trois. Je n'y vois aucun hic, moi.

Nice : On raconte l'histoire depuis le début, Doris... À l'origine, nous étions sept...

Milli : Nice a raison, Doris. À l'origine, nous étions sept.

Milli et Nice *(pointant Doris)* : Un, *(pointant Milli)* deux, *(pointant Nice)* trois, *(pointant le plancher)* quatre, cinq, six, sept. Sept ! Sept ! Sept ! Sept !

(Sous le plancher, les quatre sœurs crient : "Sept ! Sept ! Sept ! Sept !" Doris, qui a cessé de danser, donne un coup de talon qui fait taire les quatre sœurs et cesser la danse)

Doris : Sept ! Sept petits rochers qu'elle roulerait sa vie durant en haut de la falaise et qui dégringoleraient jusqu'en bas et qu'elle repousserait jusqu'en haut, et ainsi de suite, jusqu'à ce qu'un jour, elle meure écrasée sous ses sept petits rochers. Voilà. Vous êtes contentes ? *(Elle se remet à sa manucure avec vigueur)* Enchaînons. Enchaînons !

Milli : De cette petite matrice formée de terre ferme et d'eaux agitées, nous sommes donc nées.

Nice : Sept sœurs. Il y avait Doris la perfectionniste.

Doris : Merci. Et Milli l'angoissée.

Milli : Et Nice, celle qui doute.

Nice : Et Uranie l'excentrique et Calliope la passionnée.

Milli : Et Thalie la fantaisiste et Polymnie la profonde.

Doris, Milli et Nice : Doris, Milli, Nice, Uranie, Calliope, Thalie et Polymnie.

Nice : Sept sœurs croissant dans un espace rose où des milliers de mots s'amassaient...

Milli : Sept sœurs séduites par cette piqûre au creux du ventre, le secret...

Nice : Sept sœurs qui, pressentant que quelque chose de gros se préparait...

Doris : Veillaient au grain et *(pointant les fenêtres)* aux fenêtres.

Milli : Et un jour, de notre point de vue privilégié, voyant poindre chez la matrice...

Nice : Le désir de libérer les milliers de mots et d'y mettre de l'ordre...

Doris : Elle était pleine de potentiel à l'époque.

Milli : Prenant conscience de la signification de la piqûre...

Doris : Son instinct était sûr.

Nice : Appréhendant que l'avenir était dans la littérature...

Doris : On avait tout pour y croire.

Nice : J'ai fondé les Éditions du Miroir de l'âme.

Doris : Bon ! C'est dit. Tu respires mieux, ma chérie ?

Milli : Doris...

Nice : Usurpatrice !

Doris : Il faut s'extirper de l'abîme du doute pour aspirer au sommet de la perfection, Nice. Et tu le sais. On en a déjà amplement discuté...

Milli : Je vous en prie... Tout ça, c'est du passé...

Nice : Et c'est là que j'aurais été conçue, dans le clair-obscur du petit matin.

Milli : Et c'est là qu'elle a semé en moi ce qui deviendrait ma force : l'angoissssss-e !

Doris : Le maximum, l'optimum, le ssss-summum...

Nice : Pour mes sœurs, je suis l'énigme des énigmes.

Doris : L'apothéose, le paroxysme, l'éternité...

Milli *(se prenant la poitrine et la gorge)* : Trop loin ! Trop haut ! Trop fort !

Nice *(jouant le Sphinx)* : De quel côté penchera l'ambivalence ?

Doris *(jouissant)* : L'atteinte des objectifs les plus élevés !

Doris, Milli et Nice *(chacune à sa façon)* : Ah !

(Toutes trois se recomposent)

Milli *(bas)* : Ce qui me fait... triper, ce sont les éclosions hâtives. C'est pourquoi je traîne toujours avec moi *(l'exhibant)* mon petit dictionnaire des génies littéraires.

Nice *(bas)* : Je ne peux pas parler de mes sœurs sans que me manque le temps où nous étions sept. Des fois, je me dis qu'ensemble nous étions meilleures...

Doris : Bien sûr, à travers cette passion pour le meilleur, ma générosité et mon obligeance ne paraissent pas toujours. Pas souvent, en fait. Rarement, même.

Milli *(feuilletant le dictionnaire)* : Emmanuel Carrère... Paul Claudel... Réjean Ducharme...

Nice : D'ailleurs, récemment, en relisant *(l'exhibant)* LES TROIS SŒURS de Tchekhov...

Doris : Gallimard peut aller se rhabiller. Je suis rigoureuse ET sans scrupule, moi.

Milli *(feuilletant le dictionnaire)* : Nancy Huston... Carson McCullers... Sylvia Plath...

Doris : C'est pourquoi on aime bien me détester.

Nice *(caressant le livre)* : Quel plaisir quand même !

Doris : Mais me détester, quoi de plus facile !

Milli : C'est tout simple, voilà ce que je fais : j'ouvre le dictionnaire et...

Nice (*feuilletant le livre*) : Je tombe donc sur...

Milli : Je tombe donc sur la date de naissance d'un auteur à laquelle je soustrais la date de publication de sa première œuvre, ce qui donne, par exemple...

Nice (*cherchant dans le livre*) : Un truc extraordinaire...

Doris : Qu'on essaie donc de m'aimer pour voir !

Milli : Rimbaud. Il naît en 1854, il publie UNE SAISON EN ENFER en 1873.

Doris : Voilà un vrai défi !

Milli : 1873 - 1854 = 19. Il avait dix-neuf ans !

Nice (*cherchant dans le livre*) : C'est une réplique pleine d'espoir...

Doris (*défiant*) : Ah !

Milli (*se prenant la poitrine*) : Ah !

Nice (*trouvant la réplique*) : Ah ! (*Lisant*) "Pour le moment, vous n'êtes que trois dans cette ville, mais dans les générations futures, d'autres viendront, qui vous ressembleront, toujours plus nombreuses..." [1]

Doris : Qu'est-ce que tu lis, ma petite chérie ?

Nice (*poursuivant sa lecture*) : "Et un temps viendra où tout sera changé selon vos vœux, où chacun vivra selon votre exemple, et puis vous-mêmes serez dépassées, d'autres surgiront qui seront meilleures que vous..."

Doris : Jamais ! Jamais, tu m'entends ? Nous ne serons jamais dépassées par quiconque. D'autres ne surgiront jamais, qui seront meilleures que nous. Nous sommes les meilleures. Et après elle se demande pourquoi j'ai dû l'évincer de la tête des éditions. (*Lui arrachant le livre*) Qu'est-ce que c'est que ça ? LES TROIS SŒURS ! (*Lui redonnant le livre*) Brûle-moi ça.

Milli : Brûler Tchekhov, Doris ?

Doris : Certainement ! Ce que ce Russe geignard fait encore dans les bibliothèques idéales de tout un chacun me dépasse. Les chefs-d'œuvre de notre temps seront publiés aux Éditions du Miroir de l'âme. On a besoin de chefs-d'œuvre d'ici et de maintenant. Et ce n'est pas en s'extasiant

---

1. Extrait de la tirade de Verchinine à l'acte 3 des *TROIS SŒURS* de Tchekhov.

sur le passé qu'on y parviendra. Non, il n'y a qu'une façon d'y arriver, et le mot d'ordre est "objectivité et rigueur". Objectivité et rigueur, tu comprends, Nice ?

Nice *(pleurant)* : Non, je ne comprends pas, Doris...

Doris : C'est pour ça que c'est moi qui dirige, ma petite chérie. Allez, brûle, brûle, mon ange. Crois-moi, c'est comme ça que nous laisserons notre marque.

(Fondu au noir sur Nice qui met le feu aux TROIS SŒURS en pleurant, Doris qui sort un pot vide du columbarium en la surveillant, Milli qui range précieusement son dictionnaire des génies littéraires et les quatre sœurs qui s'écrasent sans bruit sous le plancher)

3. Perturbation

Plateau télé. Inès s'empare du manuscrit.

Inès : Eh bien ! Les trois sœurs de Candice de LaFontaine-Rotonde. La preuve qu'on ne peut pas échapper aux pièces des autres. Évidemment, c'eût été plus simple si vous m'eûtes répondu Médée, Mlle Julie ou Lady Macbeth, mais je compose avec ce que vous êtes, Candice. Que vous vous identifiiez à ces trois... inconnues est un peu... déroutant, mais la déroute est l'un de vos traits marquants, je me trompe ?

Candice : La déroute ?

Inès : Oui, la déroute. Comme dans "être déroutée" ou "déroutante".

Candice : Je... je peux être déroutée, oui, déroutante, sans doute...

Inès : C'est la jeunesse, bien sûr, ce désarroi. Ce mot qui vous enchaîne à l'enfance. À l'enfance de l'art, en quelque sorte. Vous êtes jeune – vous avez quoi, trente ans ? –, vous vous cherchez, on vous saisit mal, c'est normal. C'est frais, ça fait du bien ! *(Retournant à ses notes)* Mais ne nous écartons pas...

Candice *(la coupant)* : À quel âge on a arrêté de vous dire que vous étiez jeune, que c'était frais et que ça faisait du bien ?

Inès : C'est ce qui s'appelle avoir du front tout le tour de la tête et une grande lisière dans le dos.

Candice : C'est une question légitime... Vous avez déjà eu trente ans...

Inès : Ah ! les auteurs. Les maîtres de l'esquive. Ils croient tous vous révéler à vous-même en vous retournant la question, mais ils oublient une chose : c'est moi l'intervieweuse, c'est moi qui brosse les portraits. Et, en l'occurrence, aujourd'hui, c'est moi qui vous brosse, Candice !

Candice : Bien sûr, Inès, mais tout ce que je veux dire, c'est qu'entre le frais qui fait du bien et le vieux qu'on ne veut plus voir, il me semble qu'il existe d'autres combinaisons, et qu'à trente ans, on peut penser que...

Inès *(la coupant)* : En tout cas, moi, à trente ans, j'étais fraîche comme une brise de printemps. J'avais abandonné mes chimères de jeunesse. J'avais le vent dans les voiles. Je commençais en télévision. Voilà.

Candice : On a au moins ça en commun.

(Petit malaise)

Inès : Candice, nous n'avons pas terminé les questions sur le métier de l'écriture. Ainsi, dites-moi, et le plus brièvement possible : si vous étiez un moment de la journée pour écrire ?

Candice : Je serais le matin parce que tout est encore possible. C'est après que ça se gâte. Je déteste l'après-midi.

Inès : C'est que je pourrais le prendre personnel...

Candice : Non, non... Ça n'a rien à voir avec vous et cet après-midi... Ce que je voulais dire, c'est que l'après-midi pour les auteurs... enfin, pour moi... C'est l'après-midi qu'on voit le vague à l'âme dans les yeux des gens, non ?

Inès : Oui. Enfin, non... Ça dépend... *(Temps)* Si vous étiez un leitmotiv pour l'écriture ?

Candice *(après un temps)* : À chaque jour suffit sa peine.

Inès : Jésus de Nazareth. Évidemment, après cinq ans dans le désert. Maintenant, si...

Candice *(la coupant)* : Pas dans le désert. Au Nouveau-Brunswick.

Inès : Au Nouveau-Brunswick ? Ah ! c'est là que vous vous terriez. Et que faisiez-vous au "Nouveau-Brunswick" ?

Candice : Je cherchais la source. Et je l'ai trouvée. J'ai écrit cette pièce.

Inès : Au Nouveau-Brunswick ?

Candice : Au Nouveau-Brunswick. Quoi ? Qu'est-ce que j'ai dit ? Qu'est-ce qui vous fait rire ?

Inès : Le Nouveau-Brunswick. Vous ne trouvez pas que plus on le dit, moins ça a de sens ? *(Répétitions et rires)* Donc, si vous étiez une source d'inspiration – ma prochaine question –, vous seriez le Nouveau-Brunswick ?

Candice : Non. Non. Je serais ma vie et le dictionnaire. Il y a de tout, là-dedans.

Inès : On dirait bien, oui. Et si vous étiez la personne qui vous a donné la piqûre de l'écriture ?

Candice : Je serais Dieu parce que... parce que j'ai l'impression d'être née déjà piquée.

Inès : "Déjà piquée !" Pourtant, vous avez peu écrit, si je ne m'abuse. J'ai quelques notes sur vous, et vous n'êtes pas ce qu'on pourrait appeler une auteure branchée sur perfusion divine. Je veux dire, si Dieu vous avait piquée de l'écriture au creux de l'utérus, ça se saurait. Je blague, mais vous comprenez ce que je veux dire.

Candice : Dieu, c'est... c'est une façon de parler. C'est que, quand j'étais petite...

Inès : Quoi ? Votre mère ?

Candice : Non, non, ça n'a rien à voir...

Inès : Vous êtes certaine ?

Candice : C'est mon rapport aux mots...

Inès : Tout a toujours à voir avec la mère, Candice.

(Épilepsie. Lumière sur Candice, qui écrit. Sonnerie d'interphone, canal de la Vox maternalis)

Candice : Oui ?

Vox maternalis *(chantant)* : Bonne fête, Candice, bonne fête, Candice... *(Etc.)*

Candice : Qu'est-ce que tu fais là, maman ?

Vox maternalis : C'est ta fête, Candice. Je suis venue te souhaiter bonne fête.

Candice : Je sais, mais il est trois heures du matin.

Vox maternalis : C'est à cette heure que tu es née, mon enfant.

Candice : Les gens dorment à cette heure-là, maman.

Vox maternalis : Il y a trente ans, tu ne dormais pas plus que maintenant, ma petite. Tu poussais ton premier cri.

Candice : Tu devrais être à l'hôpital en train de te reposer.

Vox maternalis : Il y a trente ans, je ne me reposais pas : je te donnais naissance. Ah ! trente ans. L'âge de la réussite. L'âge de l'accomplissement. Pour certains, ça vient plus tôt. Pour d'autres, ça ne vient jamais. Ah ! trente ans... *(Temps)* Candice ?

Candice : Oui, maman ?

Vox maternalis : Pourquoi tu ne viens pas me voir à l'hôpital, Candice ? Je suis toute seule derrière ma vitre à combattre cette horrible maladie et je demande sans cesse à ton père : "Rostand, où est ma fille chérie ?" *(Candice pleure)* Laisse-moi monter. Il fait froid dehors. Et le verglas tombe comme des petits couteaux.

Candice : Ici aussi, maman. Ici aussi. Nous ne sommes pas plus à l'abri que toi.

Vox maternalis : Nous ? Il y a quelqu'un avec toi ? Tu n'es pas toute seule ?

Candice : Je travaille. Il y a du "monde".

Vox maternalis : Ah ! Tes personnages. Tu écris.

Candice : Oui, j'écris.

Vox maternalis : Oh, c'est bien ! Et ça marche ? Tu réussis ? La forme, le fond, les métaphores, le rythme, la structure, le style, la syntaxe, l'originalité, l'accessibilité, la subtilité, l'humour, l'émotion, la simplicité, éviter la complaisance ? Tu t'en tires ?

Candice : Je m'en tire...

Vox maternalis : Et qu'est-ce que tu nous ponds ? Un petit chef-d'œuvre de ton cru ?

Candice : Oui, maman.

Vox maternalis : Je suis fière de toi, Candice. Maintenant, laisse-moi monter.

Candice : Retourne à l'hôpital, Clémence.

Vox maternalis : J'ai un cadeau pour toi, ma petite.

Candice : On se verra demain.

Vox maternalis : Un petit dictionnaire des génies littéraires...

Candice : J'irai te visiter...

Vox maternalis : Et si je meurs avant que tu ne viennes ?

Candice : Demain après-midi...

Vox maternalis : Tu sais que je vais mourir, Candice.

Candice : Oui, je sais, maman, mais tu ne mourras pas d'ici demain après-midi...

Vox maternalis : Laisse-moi monter, s'il te plaît. Je resterai dans mon coin. Je fumerai en silence et je te laisserai pondre ton chef-d'œuvre.

Candice : Je t'en prie, maman, va-t'en...

Vox maternalis : Je ne veux pas affronter l'aube trempée toute seule !

Candice : J'ai du travail !

Vox maternalis : Candice !

(Fin de l'épilepsie)

Candice : La piqûre n'a rien à voir avec ma mère.

Inès : Si vous le dites... Restons quand même dans la famille. Avez-vous des frères, des sœurs ?

Candice : J'ai sept enfants uniques.

Inès : Pardon ?

Candice : Je suis enfant unique.

Inès : Enfant unique, bien sûr. Seule de son espèce. Pas facile d'être en fin de ligne, non ?

Candice : Vous le savez sans doute mieux que moi.

(Malaise)

Inès : Madame, Monsieur, après la... les commerciaux, on poursuit le portrait finnois... chinois... le portrait chinois de Candice de LaFontaine-Rotonde, l'auteure de *(manipulant malhabilement le manuscrit)* PORTRAIT CHINOIS D'UNE IMPOSTEURE. Que de chinoiseries, mon dieu ! *(Elle rit)* Après la pause, je lui demanderai : "Si vous étiez un métier ?" *(Elle regarde ses notes)* C'est ça : "Si vous étiez un métier ?" *(Temps)* Madame, Monsieur, restez des nôtres. Ne bougez pas. On revient tout de suite.

(Indicatif musical de l'émission que les quatre sœurs accompagnent en chantant et en dansant. Silence. Candice se lève)

Inès : Où allez-vous ?

Candice : Aux toilettes.

Inès : Vous avez deux minutes.

(Candice disparaît. Inès reste seule avec le manuscrit sur les genoux. Noir)

4. LE MANUSCRIT

Les Éditions du Miroir de l'âme. Une lumière d'après-midi passe par les fenêtres. Doris fait les cent pas. Milli est assise. Chacune manipule une grosse enveloppe sans oser l'ouvrir.

Doris *(criant)* : Nice ! Nice, où es-tu ? *(Elle tend l'oreille. Silence)* Toujours en train de disparaître quand on a besoin d'elle, celle-là !

Milli : Tu crois qu'elle se doutait de *(montrant l'enveloppe)* ÇA ?

Doris : Ah ! Elle m'énerve avec son doute. Je ne sais plus où j'en suis quand je l'écoute. Son doute me laisse une impression de toilette mal faite, d'hygiène approximative, de lavage à la débarbouillette. Je peux de moins en moins me fier à elle. Il va falloir que je lui serre la vis... Méfie-toi des petites filles sales derrière les oreilles, Doris.

Milli : Je n'aime pas que tu parles de Nice comme ça. N'oublie pas : "Toujours dans cent ans, nous serons complices". C'est notre sœur, Doris.

Doris : Milli, faut-il que je te rappelle les scènes sanglantes auxquelles tu as participé quand nous avons chassé Uranie, Calliope, Thalie et Polymnie ? *(Sourire vicieux de Milli)* Bon, alors, laisse-moi braire ce que j'ai à braire et parle quand tu seras inspirée. *(Brandissant l'enveloppe)* Jamais notre auteure ne nous a fait ça. Jamais elle n'a lancé un projet sans qu'on y mette notre grain de sel. Pour ne pas dire la salière au complet. Je meurs d'envie de l'ouvrir.

Milli : Attendons Nice. Laissons-lui le temps d'arriver. Elle n'a peut-être pas fini de dîner.

Doris : Tu as raison. Attendons-la. *(Temps plus ou moins long)* On l'a assez attendue.

Milli : Doris... Non...

Doris : Cesse de faire la gentille, Milli. Il est treize heures passé. Et le professionnalisme, ça commence avant la digestion.

(On entend des pas de course dans l'escalier)

Milli : C'est elle !

Doris : Qui arrive d'en bas...

(Doris s'empare de l'enveloppe de Nice, qui apparaît)

Nice : Je suis en retard ?

Milli : D'après toi ?

Doris : D'où sors-tu ?

Nice : Pas de tes oignons.

Doris : De la cave ?

Nice : Pas de tes affaires.

Doris : Tu as rendu visite à nos sœurs ? *(Pause)* On a rompu avec elles, Nice.

Nice : On ne peut pas vraiment rompre avec sa famille, Doris.

Milli : Elles vont bien ?

Doris : Elles complotent pour remonter ? Je les trouve bruyantes ces derniers temps...

Nice : Pas vraiment.

Doris : Pas vraiment, pas vraiment ! Qu'elles essaient seulement ! N'est-ce pas, Nice ?

Nice : Bien... Bien sûr, Doris.

Doris : Procédons. *(Lui donnant son enveloppe)* Il y a un manuscrit qui nous attend.

Nice : Un manuscrit. Tiens, tiens...

Doris : Tu le savais ?

Nice : Sans le savoir...

Doris : C'est tout toi, ça. Pas été tentée de nous en parler ?

Nice : S'il fallait que j'ouvre la bouche chaque fois que j'ai un doute...

Milli : Bon. On ouvre ? *(Toutes trois ouvrent frénétiquement leur enveloppe. Elles en extirpent chacune un manuscrit. Fixée par un trombone à celui de Milli, une lettre)* Regardez. *(Lisant)* "Chères vous trois. Voici une pièce surprise. J'espère qu'elle saura vous jeter en bas de vos chaises. Affectueusement, votre auteure."

(Doris, qui s'est approchée de Milli pendant la lecture, lui arrache la lettre des mains)

Doris *(lisant)* : "J'espère qu'elle saura vous jeter en bas de vos chaises." Pff !

(Toutes trois reportent leur attention sur leur manuscrit respectif dont elles lisent la page titre)

Nice : PORTRAIT CHINOIS D'UNE IMPOSTEURE. Titre... prometteur.

Milli : "Version finale." Aplomb certain.

Nice *(mesurant l'épaisseur du manuscrit)* : Assez... épais. Souffle... indéniable.

Doris : "Une pièce de Candice de LaFontaine-Rotonde."

Milli : C'est comme une musique. Je ne m'en lasse pas.

Nice : PORTRAIT CHINOIS D'UNE IMPOSTEURE.

Doris : Qui est l'imposteur-e selon vous ?

Milli *(pour elle-même, chantant)* : Candice de LaFontaine-Rotonde.

Nice *(caressant le manuscrit)* : Elle doit avoir beaucoup d'espoir dans celle-là...

Doris *(sentant le manuscrit)* : Ça lui confère un petit je-ne-sais-quoi... d'attendrissant.

Milli *(chantant plus fort)* : Candice de LaFontaine-Rotonde. Candice de...

Doris *(la coupant)* : Milli ! *(Temps)* Procédons.

(Toutes trois tournent la page, et Nice lit la page des dédicaces)

Nice : "À mon père, Rostand de LaFontaine, pour la force et la confiance."

Doris : Commentaire ?

Milli : Beurk ! Beurk ! Beurk !

Nice : "À ma mère, feu Clémence Rotonde..."

Doris, Milli et Nice *(chantant)* : Feu, feu, feu Clémence, ton ardeur nous réjouit, feu, feu, feu Clémence, dans l'après-midi...

Nice : "Pour que sa sombre lignée s'arrête avec moi."

Doris : Commentaire ?

Milli : Sa sombre lignée ?

Doris : Incroyable ! On n'en est qu'à la dédicace et c'est déjà énigmatique. Et puis, c'est quoi un portrait chinois ? La nationalité est aléatoire ou pas ? Chinois, chinois. Pourquoi pas slovaque, danois ou micmac ? Ça ne sonne ni mieux ni pire. Rien de plus simple que de mettre "chinois" au bout d'un mot. Ça plaira au quart de l'humanité et hop ! C'est purement mathématique. Purement mercatique. Purement grand public.

Nice : Peut-être, Doris, mais si elle veut être... commerciale, c'est son choix.

Doris et Milli : Commerciale ? Arrête, je vais faire un feu sauvage !

Nice : Un instant. Je vous rappelle que nous ne l'avons pas encore lue, cette... pièce.

Doris : Lire, je veux bien. Je veux bien lire, mais tu as déjà entendu parler de ça, toi, un portrait chinois ?

Nice : Euh... non, mais j'aime bien les mets chinois, alors pourquoi pas le portrait ?

Doris : C'est qu'elle fait de l'humour, ma petite Nice, cet après-midi.

Milli : Ne t'en plains pas.

Doris : "Portrait chinois", "sombre lignée", ça ne me dit rien qui vaille !

Nice : Doris, ressaisis-toi. Laisse-toi un peu de jeu.

Doris : Ah. C'est l'émotion. Je suis tendue. Ça fait si longtemps. Que je l'attends. Le chef-d'œuvre. Vous comprenez. Et si c'était ÇA ? *(Prenant un "grand respire" puis posant une main sur le manuscrit)* Portrait chinois d'une imposteure, je t'accueille dans ma maison.

(Toutes trois tournent la page, et Milli lit la page des exergues)

Milli : "Portrait chinois : portrait esquissé à l'aide de questions commençant par *si vous étiez* et de réponses débutant par *je serais*. Exemple : Si vous étiez un fruit ? demande l'animatrice. Je serais une poire, répond l'invitée." *(Riant)* Une poire !

Nice *(pour elle-même)* : Intéressant...

Doris *(pour elle-même)* : Passionnant !

Milli *(après un temps)* : J'aimerais bien faire le portrait chinois de Candice.

Nice : Milli, tu n'y penses pas ! N'est-ce pas, Doris ? Nous avons un manuscrit à lire...

Doris : Bien sûr, bien sûr. Objectivité et rigueur, on n'en démordra pas...

Milli : Allez, Doris. Dis oui ! Dis oui !

Nice : Milli ! Tu vois bien que tu accentues l'état de tension de notre éditrice... *(Temps)* Remarque que ça pourrait être un atout, Doris. On saurait... de l'intérieur ce qu'est un portrait chinois...

Milli : Oh oui ! De l'intérieur ! De l'intérieur !

Nice : Et un retour sur Candice à travers ce portrait pourrait nous dérouiller...

Milli : Oh oui ! Dérouillons-nous ! Dérouillons-nous !

Nice : Car je doute que nous soyons prêtes à analyser une œuvre dramatique de cette... épaisseur. N'oublions pas que nous n'avons rien reçu de si... pesant depuis longtemps.

Milli : Oh oui ! N'oublions pas ! N'oublions pas !

Doris : Milli ! Cesse de beugler et dis-moi pourquoi nous devrions faire son portrait chinois.

Milli : Euh... Parce que... Parce que cet exercice... euh... ludique nous aidera à mieux la... saisir et, par le fait même, à mieux comprendre son écriture... Nous pourrons utiliser son portrait chinois pour nous guider dans l'analyse de la pièce. Il n'y a rien comme une grille d'analyse personnalisée. *(Temps)* N'est-ce pas ?

Nice : Et comme l'œuvre est sans doute autobiographique, ce serait encore plus... pertinent.

Doris : Finalement, j'aime plutôt les portraits chinois.

Milli : On commence ! On commence !

Nice : C'est moi qui pose les questions. Je vous laisse le soin de répondre. Je ne doute pas que vous sachiez vous y adonner avec tout le... plaisir voulu.

Doris : Très bien. Amusons-nous ! Mesdemoiselles. Portrait chinois de Candice de LaFontaine-Rotonde.

Milli : Oh oui ! Portrait chinois... d'une imposteure.

(Déchaînées, Doris, Milli et Nice ponctueront de leurs réactions de plus en plus hystériques les éléments du portrait chinois. Sous le plancher, les quatre sœurs s'affoleront en conséquence)

Nice : Si elle était... un véhicule ?

Milli : Une brouette de jardin... avec une crevaison.

Doris : Non, Milli. Rendons à Césarine ce qui lui revient. Elle serait une carrosserie de Mercedes... mais rien sous le capot !

Milli : Ouais !

Nice : Maintenant, si elle était... une activité ?

Doris : À toi, Milli.

Milli : Une activité ? Euh... l'écridure ?

Doris : L'é-cri-dure ! Génial.

Milli : Merci, Doris.

Nice : Si elle était... un instrument de musique ?

Milli : Euh... une cithare.

Nice : Une cithare ?

Doris : Pourquoi ?

Milli : Parce que si tare tu as, taré tu es.

Doris et Nice : Joli ! Joli !

Nice : Et si elle était... un cours d'eau ?

Milli : Une flaque ?

Doris : Une flaque ! Dans mes bras, petite sœur !

Nice : Si elle était un... régime politique ?

Doris : Elle serait une république de bananes.

Milli : Ou un régime faible en matières fermes.

Nice : Et si justement elle était une matière ?

Doris : De la pâte à modeler.

Milli : Dans le mille !

Nice : Si elle était un astre ?

Doris : Saturne.

Milli : Pourquoi ?

Doris : Parce que ça "turne" pas rond là-dedans !

Nice : Si elle était un signe du zodiaque ?

Milli : Gémeaux ascendant...

Doris : Visage à deux faces !

Nice : Si elle était un phénomène atmosphérique ?

Doris : Une tempête dans un verre d'eau.

Milli : Moins connu, mais tout aussi inoffensif : un pet dans un cyclone.

Nice : Si elle était... un être mythologique ?

Doris *(imitant Sisyphe poussant son rocher)* : Le pauvre...

Milli *(fouettant Sisyphe)* : Pauvre Sisyphe !

Nice : Si elle était une partie du corps ?

Milli : Elle serait ses beaux yeux.

Doris et Milli *(pointant les fenêtres)* : Si expressifs !

(Dehors, le temps s'est mis à l'orage. Sous le plancher, les quatre sœurs s'affolent en silence)

Nice : Si elle était un animal ?

Doris : Un invertébré.

Milli : Décidément, Doris, le portrait chinois te réussit.

Doris : Je sais, je sais...

Nice : Si elle était une morte ?

Doris : La Soldate inconnue. Morte au combat inconnu. Dans une guerre inconnue.

Milli : Oh ! Tant de souffrances horriblement anonymes...

Nice : Allons-y pour un sprint.

Milli : Un sprint ! Un sprint !

Nice : Une qualité ?

Doris *(montrant le lieu)* : L'hospitalité.

Nice : Un défaut ?

Milli : À défaut d'un, puis-je en nommer... un, deux, trois ?

(Toutes trois rient à gorges déployées)

Nice : Un sport ?

Doris : Le dériveur.

Nice : Un plat ?

Doris : Une farce.

Nice : Une religieuse ?

Doris : Sœur Sainte-Nitouche.

Milli : Priez pour nous !

Nice : Une arme ?

Doris : Moi !

Milli : Moi aussi !

Nice : Et moi ?

Doris : Toi, tu es la pierre angulaire de l'arsenal !

(Dehors, il se met à tonner et à pleuvoir. Sous le plancher, les quatre sœurs crient)

Milli : Tiens, il pleut.

Doris *(pointant le plancher)* : Et elles tonnent !

(Toutes trois piétinent le plancher pour faire taire les quatre sœurs, délirant de plus belle)

Nice : Et si elle était une fin ?

Doris : Elle serait triste.

Milli : Si triste. Snif ! Snif !

Doris, Milli et Nice : À en pleurer !

(Toutes trois rient aux larmes)

Doris : Mesdemoiselles, prenons des bonbons. Occupons nos bouches à autre chose sinon nous ne nous en sortirons jamais. Ni nous... ni elle ! *(Elles prennent chacune un bonbon ou une sucette. Tout en suçant, elles se calment et regardent les fenêtres où la pluie cesse graduellement. Le calme revenu, elles se remettent au travail. Elles relisent la page titre)* Récapitulons.

Milli : PORTRAIT CHINOIS D'UNE IMPOSTEURE.

Nice : "Version finale."

Doris : "Une pièce de Candice de LaFontaine-Rotonde."

(Toutes trois tournent la page)

Milli : "Portrait chinois blablabla..."

(Toutes trois tournent la page et lisent la table des scènes)

Doris : "Table des scènes."

Milli : "Scène 1. Bienvenue aux Éditions du Miroir de l'âme."

Nice : "Scène 2. Le manuscrit."

Doris : C'est une blague ?

Milli : "Scène 3. La survenante."

Nice : "Scène 4. Torture."

Doris : Elle se fout de notre gueule ou quoi ?

(Toutes trois tournent la page et lisent la page de présentation des personnages)

Milli : "Personnages..."

Nice : "Doris, Milli, Nice, La survenante."

Doris : "Doris..."

Milli : "... Milli..."

Nice : "Nice..."

(Toutes trois referment vivement leur manuscrit)

Nice : Ce n'est pas possible...

Milli : Qu'est-ce qu'on fait ?

Doris : On reste calmes !

Nice : C'est de la provocation...

Doris : Pire : de la diffamation ! C'est incroyable. Elle n'écrit rien pendant des lunes et, tout à coup, on reçoit ÇA. Je veux dire, je veux bien rire, mais ça dépend de quoi !

Milli *(en crise d'angoisse)* : Elle ne sera jamais une éclosion hâtive ! Jamais !

Nice *(se frappant)* : Je remets sa bonne foi en doute. Je remets tout en doute ! Tout !

Doris *(pleurant de rage)* : J'ai cru qu'elle était faite pour les sommets. J'y ai cru, mais elle n'a pas l'étoffe !

Milli : Je ne peux pas croire qu'on y ait cru !

Doris : Je refuse de me reprocher quoi que ce soit !

Nice : C'est ma faute... C'est ma faute...

Doris *(s'essuyant les yeux)* : Enfin ! Des paroles pleines de sagesse.

(Toutes trois se recomposent puis fixent leur manuscrit respectif. Silence)

Nice : Euh... Ce n'est qu'une suggestion, mais... si on la lisait, sa pièce ?

(Silence)

Milli : Oui, et si on passait à côté d'un chef-d'œuvre ? Et si c'était ÇA ?

(Silence)

Doris : Non. Non, non, non, non, non, non, non ! Je suis Doris, et Doris n'est pas un personnage. Ceci n'est pas un chef-d'œuvre, ceci est un mensonge.

Nice : Tu as raison... Tu as raison...

(Milli rouvre discrètement son manuscrit)

Milli *(après un temps)* : C'est qui cette survenante, d'après vous ?

Doris : Referme cette infamie immédiatement, Milli ! Et va me chercher la poubelle ! Et toi, Nice, trouve-moi le briquet. *(Pour elle-même)* Combattre le feu par le feu. Encore et toujours. L'histoire se répète. *(Fixant son manuscrit)* Ceci est un appel à l'autodafé. *(Milli et Nice reviennent avec la poubelle de métal et le briquet)* Nous n'allons pas nous laisser faire. Donnez-moi vos copies. *(Nice lui donne sa copie. Pendant ce temps, Milli en profite pour arracher un bout de page au hasard à son manuscrit)* Elle écrira autre chose si elle veut, mais elle ne nous rira pas au visage. *(Elle prend le manuscrit que Milli lui tend)* Nous avons une honnête entreprise d'édition, qui offre, depuis cinq ans que je la mène, de très loyaux services, alors si elle n'est pas contente de nos bons offices, beau dommage ! *(Brandissant les trois manuscrits)* Ceci est un torchon et que fait-on d'un torchon ?

Milli et Nice : On le brûle !

Doris : Et laissez-moi vous dire que si elle rapplique, le torchon n'a pas fini de brûler. Les hostilités sont ouvertes. Le derby de démolition est commencé.

(Fondu au noir sur les Éditions du Miroir de l'âme alors que les quatre sœurs se mettent à danser sous le plancher, que Doris met le feu aux manuscrits sous le regard de Nice et de Milli, qui cache sa page arrachée dans sa poche)

5. Interruption

Plateau télé. Inès boit un scotch en feuilletant fébrilement le manuscrit. Candice arrive, son sac en bandoulière. Inès referme le manuscrit, le pose sur la table et, d'un geste, invite Candice à s'asseoir. Elle reste debout.

Inès : Voulez-vous que j'appelle le maquilleur ? *(Regardant sa montre)* Il vous reste une minute et des poussières pour vous recomposer.

Candice : Je ne me suis pas décomposée.

Inès *(lui offrant son mouchoir)* : Tamponnez-vous au moins les yeux. *(Temps)* Voilà. C'est mieux. *(Elle reprend son mouchoir)* Maintenant, mettons une chose au clair, Candice. Vous êtes ici chez moi, et quand on est l'invité, on doit respect à son hôte. C'est quoi ces insinuations sur "la fin de ma ligne" ?

Candice : Des rumeurs quant à la fin de votre règne.

Inès : Vous n'écoutez pas mon émission, mais les rumeurs à son sujet. Fameux !

Candice : Je n'écoute pas, j'entends.

Inès : La belle affaire ! Des cancans !

Candice : Colportés par des langues saines, si vous voulez mon avis. Après cinq ans, c'est connu, même en démocratie, on s'installe et on se croit tout permis. C'est long cinq ans.

Inès : Surtout au Nouveau-Brunswick.

Candice : On réplique avec ce qu'on peut quand on n'a pas de bouclier anti-persiflage !

Inès : Ah ! Ils veulent tous venir à mon émission, et une fois qu'ils y sont, tout ce qu'ils veulent, c'est être chouchoutés. Alors, aussitôt qu'on les écorche un tantinet, oh la la ! Si vous n'êtes pas capable de morfler quelques craques, Candice, c'est que vous n'avez pas l'étoffe.

Candice : L'étoffe ?

Inès : À la télé, il y a des codes.

Candice : L'étoffe de quoi ?

Inès : Les vrais artistes savent morfler ET rétorquer, mais pas n'importe quoi. Ils ont l'étoffe, quoi !

Candice *(criant)* : Non ! Non ! Pas ça !

Inès : Mais calmez-vous, voyons !

Candice : Vous confondez "étoffe" et "être *tough*" [1], Inès. Ceci est une émission culturelle, pas... pas un programme scientifique sur la sélection naturelle !

Inès : Et moi je vous dis que vous ne pouvez pas balancer toutes ces... tout ce qui vous passe par la tête ! C'est comme si vous sautiez en tandem avec une parachutiste professionnelle et que vous vous amusiez à couper les cordes. C'est dangereux.

Candice : Pour qui ?

Inès : Ne jouez pas à la plus maligne, Candice. Vous n'êtes pas dans une de vos pièces où vous pouvez tirer les ficelles comme bon vous semble.

Candice : Ne me mettez pas au défi. Vous pourriez être surprise...

Inès : Bon. *(Soupir)* Je n'ai pas lu votre pièce. Voilà. C'est dit. Vous êtes contente ? Je n'ai pas eu le temps. Quand Miloud Rousset vous lâche à la dernière minute pour faire le "Bernard Bouillon Show", c'est comme ça. *(Temps)* Pourquoi en faire un drame, Candice ? Faites comme moi : soyez survivante. Et si ça ne vous plaît pas, serrez les dents et pensez à la plogue [2].

Candice *(prenant le manuscrit)* : Pas lue du tout ?

Inès : Enfin, vaguement. En diagonale. Tantôt. Quand vous étiez aux toilettes.

(Épilepsie. Lumière sur Candice qui tient le manuscrit. Inès, Doris, Milli et Nice manifestent autour d'elle, en scandant plusieurs de leurs phrases comme des slogans ; Inès avec son porte-voix, les trois sœurs en brandissant des pancartes et la Vox maternalis par l'interphone)

Inès : Ce n'est pas ma tasse de thé ! Ce n'est pas ma tasse de thé !

Doris, Milli et Nice : C'est de la diffamation ! Un grand verre de poison !

---

1. Tough (prononcer "tof") : résistant, robuste, solide.
2. Plogue : publicité gratuite plus ou moins dissimulée.

Vox maternalis : Je veux mon grand cru ! Je veux mon grand cru !

Candice : Mais vous ne l'avez pas lue !

Inès : Pourquoi en faire un drame ?

Doris, Milli et Nice : Pourquoi en faire un drame ?

Vox maternalis : Tu t'en tires ? Tu t'en tires ? Tu t'en tires ?

Inès : Et il s'intitulait comment ce dernier rejet ?

Doris, Milli et Nice : *PORTRAIT CHINOIS D'UNE IMPOSTEURE.*

Inès : Imposteure ?

Doris, Milli et Nice : Imposteure !

Inès : C'était à ce point mauvais ?

Doris et Nice : D'après vous ?

Milli : Ô joie noire jolie joie de jais...

Inès : À vue de nez, c'est loin d'être un chef-d'œuvre.

Doris : Vous avez du flair, vous. Je vous aime. Dans mes bras !

Milli et Nice : Dans mes bras ! Dans mes bras !

Candice : Mais qui vous parle de chef-d'œuvre ?

Inès, Doris, Milli et Nice *(se moquant)* : "Mais qui vous parle de chef-d'œuvre ?"

Inès : Ne mens pas, c'est tout ce que tu veux. Qu'on crie au chef-d'œuvre.

Doris : Top du top manqué-e ! Crème de la crème brûlé-e !

Milli : Éclosion tardiv-e ! Éclosion tardiv-e !

Nice : Je remets tout en doute ! Je remets tout en doute !

Vox maternalis : Tu t'en tires ?

Inès : Serrez les dents et pensez à la plogue.

Doris, Milli et Nice : Serre ton portable et oublie tes dialogues.

Candice *(criant)* : Vous ne pouvez pas me faire ça !

Inès : Qui fait quoi à qui ?

Doris, Milli et Nice : Qui fait quoi à qui ?

Inès : Qui fait quoi à qui ?

Doris, Milli et Nice : Qui fait quoi à qui ?

(Toutes se figent. Silence)

Vox maternalis : Tu t'en tires ?

(Fin de l'épilepsie. Reprise de l'action et des positions de chacune à la question et à la réponse qui ont déclenché l'épilepsie)

Candice *(tenant le manuscrit)* : Pas lue du tout ?

Inès *(lui prenant le manuscrit)* : Enfin, vaguement. En diagonale. Tantôt. Quand vous étiez aux toilettes. Par contre, le titre est très accrocheur. Vraiment. Flamboyant. Vous avez le chic pour les titres, vous : *FILLES DE GUERRES LASSES, MISS BÉRÉNICE SOUS LES BOMBES* et *(donnant un petit coup au manuscrit)* ÇA. Irrésistible. *(Soupir)* D'ailleurs les titres, c'est mon point faible. Et je le dis à regret, c'est souvent le piège avec les pièces. Le titre est prometteur, alors on s'y lance, et plus on avance, plus on déchante, vous ne trouvez pas ? Du reste, on parle beaucoup de la force de la dramaturgie d'ici, mais combien de bonnes pièces y a-t-il réellement ? Vous-même, Candice, combien de vraies bonnes pièces écrirez-vous dans votre vie ? Peut-être celle-là en est-elle une. Ou peut-être pas. L'histoire le dira. *(Soupir)* J'ai joué gros en vous invitant, vous le savez. Alors, ne nous le faites pas regretter. Aujourd'hui, c'est jour de fête. La saison se termine. Et je ne vous laisserai pas gâcher ma dernière. Asseyez-vous et finissons ça en beauté. *(Candice s'assoit)* Je savais que vous étiez capable de fair-play.

(Inès s'installe, reprend ses notes ; elle boit toujours. Soudain, dans le silence qui précède le début de l'indicatif musical, les quatre sœurs sous le plancher crient : "Ne nous laisse pas tomber ! Sors-nous de cet enfer !")

Inès : Vous m'avez parlé ?

Candice : Oui. J'ai dit : pas plus que je ne vous laisserai gâcher ma première.

(Noir. Indicatif musical en sourdine)

Inès *(criant)* : Pour l'amour du ciel, qu'est-ce que c'est que ça ?

6. LA SURVENANTE

Les Éditions du Miroir de l'âme. Traces de fumée. La poubelle gît sur son flanc. À côté, un tas de cendres dans lesquelles Doris et Nice jouent, l'une avec délectation, l'autre avec culpabilité. En retrait, visage et mains cendrés, Milli lit le bout de page qu'elle a arraché au manuscrit.

Doris : Quelle joie !

Nice : Quelle drôle de joie ! Je ne m'y habitue pas. C'est comme un plaisir coupable.

Doris : Il n'y a pas de culpabilité, Nice. C'est un plaisir pleinement mérité après un travail dur et honnête. *(Temps)* C'est un sale boulot, mais quelqu'un doit le faire !

(Doris rit. Nice l'imite. Doris amadoue sa jeune sœur ambivalente. Milli glisse le papier dans sa poche, se lève et déclame le poème en se mettant de la cendre sur le visage)

Milli :
Ô joie noire, jolie joie de jais
Sais-tu tout le plaisir que j'ai
À te faire jaillir en longs jets
Qui magnifient tous mes rejets ?
Ô joie noire, jolie joie de jais
Le Phénix renaît de ses cendres
Et toi d'une neige de flocons d'encre
Tombant du bûcher d'un déchet.
Ô joie noire, jolie joie de jais
Je marche et tu es mon trajet
Je pense et tu es mon projet
Je verbe et tu es mon sujet.

(Doris et Nice applaudissent)

Milli : Octosyllabes, Mesdemoiselles. Je me suis laissée aller. Ça vous plaît ?

Doris : C'est un joli morceau de poésie, Milli. Senti, vibrant. Tu me surprends.

Nice : Ta déclamation est juste, authentique. Et ton sujet brûlant d'actualité.

Milli : J'ai pensé écrire un recueil.

Doris : Et où le publierais-tu ? Aux Éditions du Miroir de l'âme ?

Milli : Pourquoi pas ?

Doris : Il faudrait que tu passes entre nos mains, Milli. Réponds-tu aux critères ?

Nice : Ton poème est très beau, mais je doute qu'il soit parfait.

Doris : Il n'est pas parfait. Je confirme.

Milli : Qu'est-ce qu'il a qui ne va pas, mon poème ?

Doris : Tes octosyllabes ne sont pas tous justes. Par exemple, *(comptant les pieds rapidement)* "Et toi d'une neige de flocons d'encre" compte... au moins dix pieds.

Nice : Et franchement, "une neige de flocons d'encre tombant du bûcher d'un déchet", ça ne se dit pas. La neige tombe de haut, pas d'une installation au sol. L'image est faible.

Doris : Et pendant qu'on y est, on ne fait pas un bûcher avec des déchets, Milli. *(Mettant ses mains dans les cendres)* On les fout en tas et on les brûle, c'est tout.

Milli : Mais tout ça se travaille, arrêtez !

Nice : Et à moins d'être complètement fêlée, déchet ne se termine pas en "jet".

Milli : Mais le "ch" est une consonne chuintante comme le... Ah ! Qu'est-ce que vous vouliez qu'elle... que je foute avec budget, rouget et surjet ?

Doris : Ce n'est pas notre problème.

Milli : Vous êtes ignobles.

Doris : Implacables.

Nice : Ne le prends pas comme ça.

Milli : Comment veux-tu que je le prenne ?

Doris : Tu ne voudrais pas qu'on te fasse un passe-droit, tout de même ? Il faut agir avant la publication, Milli. Après, le mal est fait. Combien de livres sont publiés par complaisance ou pour les subventions ? Non, nous ne sombrerons pas dans le "vite publié, vite oublié". *(Jouant avec les cendres)* Nous ne sommes ni complaisantes ni obligées à qui que ce soit. C'est clair ?

Milli *(après un silence)* : Oui, Doris.

Doris : Très bien. Maintenant, oublie ton poème et va me chercher le matériel de mise en pot. *(À Nice)* Va lui donner un coup de main, ma petite chérie, tu veux bien ?

Nice : Tout de suite, Doris.

(Alors que Doris remet les cendres dans la poubelle, Nice et Milli fouillent le columbarium)

Doris : Faites attention de ne pas déplacer l'ordre des pots. Il y a beaucoup de travail là-dedans. C'est mon œuvre. L'œuvre de ma vie.

Nice *(après un temps)* : Il n'y a plus de pots, Doris.

Milli : Plus de pots.

Doris : Impossible, mes chéries. J'en ai toujours en réserve.

Nice : Je te dis que nous avons un problème de pots.

Doris : C'est absurde ! Fouillez le bureau.

(Nice se rend au bureau et Milli continue de fouiller le columbarium)

Milli : Nice a raison, Doris. Nous avons un problème de pots.

Nice *(fouillant le bureau)* : Et ça se confirme, car il n'y a que des pots pleins ici aussi.

Doris : Fouille, je te dis qu'il y en a !

Milli *(lisant les étiquettes des pots)* : HAMLET, TARTUFFE, LE ROI SE MEURT... Dis donc, Doris, tu n'y es pas allée de main morte sur l'incinération.

Doris : J'ai fait de l'insomnie. Il n'y avait rien d'autre. Il fallait que je m'occupe.

(Nice lit les étiquettes des pots et les sort au fur et à mesure)

Nice : MÉDÉE, LA SAGOUINE, LES TROIS SŒURS...

(Nice serre le pot des TROIS SŒURS sur son cœur puis le cache dans sa poche)

Milli : PROVINCETOWN PLAYHOUSE, LES MUSES ORPHELINES, SIX PERSONNAGES EN QUÊTE D'AUTEUR...

Nice : FILLES DE GUERRES LASSES de Candice de LaFontaine-Rotonde, 1996. MISS BÉRÉNICE SOUS LES BOMBES de Candice de LaFontaine-Rotonde, 1997. *(Tenant les deux pots dans ses mains)* Tu as brûlé les pièces que nous avons publiées du temps où j'étais éditrice ?

Milli : Tu as fait ça, Doris ?

Doris *(se levant)* : Oui. Et puis ? Franchement, elles étaient quelconques.

Nice : Doris, tu joues avec le feu.

(Furieuse, Nice dépose les deux pots contenant les pièces de Candice. Au même moment, deux coups sont cognés à la porte)

Milli et Nice : Doris ?

Doris : Taisez-vous !

(Ça cogne à la porte. Toutes trois sont figées)

Doris, Milli et Nice : Il y a quelqu'un ?

(Ça cogne de nouveau)

Nice : Plus de doute. Il y a quelqu'un.

Doris : Qui ça peut être ?

Milli : La meilleure façon de le savoir, c'est d'ouvrir.

Nice : Ouvrir ? Mais on n'ouvre jamais à personne. Jamais personne ne vient ici. Comment on peut savoir que la meilleure chose à faire c'est d'ouvrir ? Et si c'était de laisser fermé qui était mieux ?

Milli : Qu'est-ce qu'on fait ?

Doris *(à Nice)* : Tu as parlé à Uranie, ce matin ? *(Oui)* Pas de mes oignons ! Pas de mes affaires ! Tu vois où ça mène les visites de sympathie dans la cave et le bavardage avec une excentrique !

Nice : Ce n'est peut-être pas elle...

Doris : Alors qui, hein ? Qui ? Si ce n'est pas elle, c'est Calliope, Thalie ou Polymnie. Personne d'autre. Comment je vais faire pour savoir laquelle c'est ? Ça fait des lunes que...

(Ça cogne de nouveau. Doris crie)

Milli et Nice : Doris, qu'est-ce qu'on fait ?

Doris : Je ne sais pas ! Les seules personnes que je pourrais reconnaître, c'est vous, mes sœurs chéries ! Je ne reconnaîtrais même pas ma propre mère si je la voyais !

(Ça cogne avec plus d'insistance. Milli s'avance vers la porte, angoissée au possible)

Milli : J'ouvre.

Doris et Nice : Non, Milli ! Attends ! On ne sait pas si...

(Ça cogne impatiemment)

Milli : On n'a plus le choix.

(Milli ouvre. Un sac en bandoulière, la survenante apparaît, portant un loup à la Arcimboldo)

La survenante : Dites donc, vous en avez mis du temps ! C'est très mal élevé de ne pas ouvrir sur-le-champ, vous savez. Et ça dénote un grand manque d'ouverture, si je peux me permettre la boutade. D'ordinaire, quand on tarde à ouvrir, c'est qu'on dort sur l'ouvrage ou qu'on traficote quelque chose. Visiblement, vous ne dormiez pas. Alors, que tramiez-vous ? Le lieu est sale et vous l'êtes aussi. Noires comme de la cendre. Ce n'est pas très reluisant pour une maison d'édition. Ça commence mal. Moi qui avais une proposition à vous faire. Enfin, il faut voir... *(Temps)* J'ai soif. Vous m'offrez à boire ?

(Silence)

Doris : Uranie ? Calliope ? Thalie ? Polymnie ? C'est vous ?

Milli : On s'est déjà rencontrées ?

Nice : Qui êtes-vous ?

La survenante : Pas de "bienvenue aux Éditions du Miroir de l'âme", rien ?

Milli : J'ai l'impression qu'on se connaît...

La survenante : C'est possible.

Milli : Un sentiment de déjà lu...

Doris : Qui êtes-vous ?

La survenante : Ne savons-nous jamais qui nous sommes ? *(Temps)* En fait, je suis une fan. Une passionnée de ce que vous êtes. Ou de ce que vous faites. Enfin, vous voyez ce que je veux dire.

Doris : Vous avez entendu parler de nous ?

La survenante : Dans le merveilleux monde de l'écriture, vous êtes connues ET reconnues.

Doris, Milli et Nice : Ah oui ?

Doris : Connues ET reconnues.

Milli : C'est flatteur.

Nice : Et votre nom, c'est... ?

Doris : Oui, à qui avons-nous affaire derrière ces légumes prêts pour les conserves ?

La survenante : Est-ce nécessaire de savoir à qui l'on parle ? N'est-ce pas moins important que ce que l'on dit ?

Doris : Ce qu'on dit est fonction d'à qui on le dit.

La survenante : Ah ! dans ce cas, c'est qu'on parle de manière intéressée.

Doris : Qui êtes-vous ?

La survenante : Vous êtes tenace, Doris.

Doris : Si vous connaissez mon nom, je dois connaître le vôtre... puisque vous n'avez pas l'air pressée de découvrir votre visage.

La survenante *(après un temps)* : Si ça peut vous rassurer. Je m'appelle Dominick. Dominick Parenteau-Lebeuf.

Milli : Ça me dit quelque chose...

Doris : Et vous faites quoi dans la vie, Dominick Parenteau-Lebeuf ?

La survenante : Je suis auteure dramatique.

Nice : C'est un pseudonyme ?

La survenante : Vous voulez rire ?

Milli : Vous nous avez déjà envoyé des manuscrits ?

La survenante : Je n'ai pas eu ce plaisir. Alors, vous me l'offrez cette boisson ou je vais la quérir moi-même ?

Milli : "Quérir." Vous êtes auteure, ça s'entend.

Doris : Café ?

La survenante : Eau. *(Pointant son masque)* Pour arroser mes légumes. J'ai un problème de... peau.

Milli et Nice : Vous aussi ?

Doris : Bouclez-la, vous deux. Milli, va "chercher" de l'eau à Mlle Parenteau-Lebeuf. Et rapporte-moi un café pendant que tu y es.

Nice : À moi aussi, Milli.

Milli : Pourquoi moi ?

Doris : Parce que c'est toi que "quérir" a fait frémir.

Milli : Mais...

Doris : Qui est-ce qui mène, ici ?

La survenante : Tu as entendu ta patronne, Milli.

Milli : Oui, Madame. J'y vais, Doris.

La survenante : Et grand le verre, Milli. Un verre à ma mesure.

Milli : C'est comme si vous le buviez déjà, Madame.

(Milli disparaît)

Doris : C'est qu'elle vous obéit mieux qu'à moi-même !

La survenante : Je les connais, ces angoissées. *(Clin d'œil à Doris)* Il faut les faire boire à leur propre source. Je peux visiter ?

Doris : Il n'y a pas grand-chose à voir, vous savez. Les Éditions du Miroir de l'âme sont une modeste entreprise.

Nice *(montrant le lieu)* : Oui. Il n'y a que cette...

La survenante : Sept ? Sept employés qui travaillent à la bonne marche de la maison ?

Nice : Oui, c'est-à-dire non... Avant, nous étions sept, mais...

Doris *(la coupant)* : Nous n'avons jamais été sept. Ou si peu. Non, nous sommes trois et nous travaillons dans CETTE pièce, dans le sens de cette pièce-ci. C'est clair ?

La survenante : Limpide. Je vous sens tendue, Doris. Préoccupée. Il y a quelque chose qui ne va pas ?

Doris : Tout va bien, non. Le mieux du monde, oui. Tout est parfait. Je suis parfaitement détendue.

La survenante : Si vous le dites. Je vous ai surprises en pleine séance de travail, non ?

Nice *(regardant Doris)* : C'est-à-dire que... Oui, oui. Ça fait partie de notre travail.

(La survenante se rend au columbarium. Elle prend un pot au hasard et lit l'étiquette)

La survenante : *LA MAISON BRÛLÉE* de Candice de LaFontaine-Rotonde, 1999.

Doris : Remettez ça en place, je vous prie.

(La survenante replace le pot et en prend un autre. Doris veut l'en empêcher, mais n'y arrive pas et doit ronger son frein à côté du columbarium)

La survenante : *LA SAINTE PAIX ET AUTRES IDÉAUX INATTEIGNABLES*, pièce inachevée de Candice de LaFontaine-Rotonde, 2000. *(Idem) LES AFFLICTIONS ÉNIGMATIQUES*, pièce inachevée de Candice de LaFontaine-Rotonde, 2001. *(Elle replace le pot)* Dites donc, elle a la cote, cette Candice. C'est quoi ?

Doris : Le columbarium des pièces rejetées.

La survenante : Une bibliothèque...

Doris : Cinéraire, oui.

La survenante : Comme c'est intéressant !

Nice : Vous trouvez ?

Doris : C'est mon idée.

La survenante : Très originale comme méthode de conservation.

Nice : Il y avait un stock de pots évidés qui traînaient à la cave. Doris a pensé que...

Doris : Oui, donc, euh, lorsque vous êtes... survenue, nous nous apprêtions à empoter les cendres de notre dernier rejet.

La survenante *(s'avançant vers la poubelle)* : Et il s'intitulait comment ce dernier rejet ?

Nice : *PORTRAIT CHINOIS D'UNE IMPOSTEURE*.

La survenante : C'était à ce point mauvais ?

Doris : D'après vous ?

La survenante : Et de quoi ça parlait ?

Nice : C'est qu'en fait...

La survenante : En fait, quoi ?

Doris : Nous... *(Petit rire nerveux)* Nous ne l'avons pas lue.

La survenante : Pas lue du tout ?

Nice : Que les cinq premières pages, de la page titre à la présentation des personnages. C'était suffisamment... édifiant.

La survenante : Quelle pratique étrange ! Ça vous arrive souvent de brûler sans lire ?

Doris : Presque jamais. C'est que, voyez-vous... *(Elle donne un coup de talon pour faire taire les quatre sœurs qui protestaient)* Désolée. Les voisines du dessous sont bruyantes. Je disais donc que l'auteure...

Nice : Candice de LaFontaine-Rotonde.

Doris : A fait de Milli, Nice et moi, Doris...

Nice : Des personnages.

Doris : Vous visualisez ? Nous, ses éditrices, des personnages ?

Nice : Et possiblement des imposteures ?

Doris : Ma chérie, je t'en prie. Imposteure est au singulier dans le titre.

Nice : Oui, mais... individuellement... nous...

Doris *(mettant une main sur la bouche de Nice)* : Vous visualisez ?

La survenante : C'est plutôt téméraire.

Doris : Moi, je dis ridicule et irrecevable. Nous ne sommes pas des personnages !

Nice *(ôtant la main de Doris de sa bouche)* : Ni des imposteures !

(Nice remet elle-même la main de Doris sur sa bouche)

Doris : Vous qui êtes auteure, vous feriez ça à vos éditrices ?

La survenante : Jamais. Donc, quand je suis survenue, vous vous apprêtiez à empoter les cendres de votre dernier rejet. *(Passant un doigt sur la joue cendrée de Doris)* Il va vous en manquer un peu. Je peux vous donner un coup de main en attendant mon eau ?

Doris : Ce serait avec plaisir, mais nous manquons de pots.

La survenante *(pointant le pot géant)* : Et celui-là ?

Nice *(ôtant la main de Doris de sa bouche)* : Ah non. Ça, c'est à Doris. C'est pour...

Doris *(la coupant)* : Mon anthologie, mon œuvre. Quand le columbarium sera plein, nous transviderons toutes les cendres des pièces rejetées dans ce vaisseau géant, et mon œuvre sera complétée.

La survenante : Quelle créativité ! Vous m'inviterez au lancement ?

Doris : Avec joie.

Nice : Ça ne règle pas notre problème de pot.

La survenante : J'ai peut-être quelque chose qui pourrait faire l'affaire...

(La survenante sort une petite urne funéraire de son sac)

Doris : Qu'est-ce que c'est ?

La survenante : Les cendres de ma mère.

Doris et Nice : Quoi ?

La survenante : Oui, je n'ai pas encore eu le temps d'en disposer. Ça ne vous gêne pas, j'espère, que les cendres de votre navet soient mêlées à celles de ma mère ?

Nice : C'est... mes condoléances... pour vous...

Doris : Pour moi, des cendres, ce sont des cendres et ce qui est mort est mort.

La survenante : Bien. Alors, on empote ?

Nice : Je... Je vais vous "quérir" l'entonnoir.

Doris : Je m'occupe de l'étiquette. Au fait, comment elle s'appelait ?

La survenante : Écrivez "maman". C'est comme ça qu'elle aimait que je l'appelle.

(Doris s'exécute. La survenante s'agenouille à côté de la poubelle. Nice apporte l'entonnoir)

Nice *(s'agenouillant)* : Je peux vous appeler Dominick ?

La survenante *(lui touchant les cheveux)* : Pourquoi pas ?

(Nice serre la survenante dans ses bras)

Nice : Excusez-moi, Dominick, je ne sais pas ce qui m'a pris.

La survenante : Allons, Nice, empotons.

Nice : Oui, Dominick, empotons.

(La survenante place l'entonnoir sur l'urne et Nice, tenant la poubelle, y verse les cendres)

La survenante *(murmurant)* :
    Ô joie noire, jolie joie de jais
    Le Phénix renaît de ses cendres
    Et toi d'un tas de flocons d'encre
    Des neiges noires de nos rejets.

(Doris, qui vient de terminer d'écrire l'étiquette, relève la tête, incrédule. Nice, qui vient de finir de remplir l'urne, aussi)

Doris *(s'approchant de la survenante)* : Vous avez dit ?

La survenante : Je récitais un poème. *(Prenant l'étiquette des mains de Doris et la collant sur l'urne)* Ça m'étonnerait que vous le connaissiez. Il est de moi.

Doris : Et comment s'intitule-t-il, ce poème ?

La survenante : *JOLIE JOIE DE JAIS.*

Nice : Vous êtes sûre ?

La survenante : Nice, je vous en prie. Un auteur doute de ce qu'il écrit, mais pas de ce qu'il a écrit.

(En récitant son poème, elle les envoûte)

    Ô joie noire, jolie joie de jais
    Sais-tu tout le plaisir que j'ai
    À te voir poindre au premier jet
    Tel l'oiseau noir à son auget ?
    Ô joie noire, jolie joie de jais
    Le Phénix renaît de ses cendres
    Et toi d'un tas de flocons d'encre
    Des neiges noires de nos rejets.
    Ô joie noire, jolie joie de jais
    Oui, viens à moi que je te lange
    Que je te baise, que je te mange
    De mes désirs, tu es l'objet.
    Ô joie noire, jolie joie de jais
    Je marche et tu es mon trajet
    Je pense et tu es mon projet
    Je verbe et tu es mon sujet.

J'avais écrit une version plus courte dans laquelle certains octosyllabes étaient déficients et certaines images assez pauvres, mais là, j'ai tout réglé. *(Refermant l'urne)* Du moins, je crois.

(Doris s'effondre. Nice se précipite à ses côtés. Pendant ce temps, la survenante glisse l'urne dans son sac. Étendue, la tête posée sur les genoux de Nice, Doris est sonnée)

Nice : Doris, ressaisis-toi, je t'en prie. Nous réglerons ça avec Milli tout à l'heure.

La survenante : Que se passe-t-il, Doris ? Vous avez une faiblesse pour la poésie ?

Doris : Non, c'est-à-dire, oui. Votre poème est magnifique. Je suis juste... préoccupée.

La survenante : Qu'est-ce que je vous disais ?

Doris : Oui, vous aviez raison, Mlle Parenteau-Lebeuf.

Nice : Dominick.

Doris : Je suis préoccupée, Dominick. Par des problèmes intestinaux.

La survenante : Vous avez des troubles du côlon ?

Nice : Doris voulait dire "intestins". De petits problèmes intestins, n'est-ce pas, Doris ?

Doris : C'est ça, c'est ça. J'en perds mon latin. De petits problèmes intestins.

La survenante : Aucune bonne maison ne peut les éviter, Doris. En revanche, ces problèmes internes sont très hygiéniques. Ils permettent à l'entreprise d'identifier *(murmurant)* les petites filles sales derrière les oreilles.

Doris : C'est une image qui me parle. Vous êtes une bonne gestionnaire, Dominick ?

La survenante : J'ai fait d'énormes progrès tout récemment.

Nice : Pouvez-vous nous donner... un coup de main ?

La survenante : Avec joie. Je suis venue pour ça. D'ailleurs, j'ai une proposition à vous faire.

Doris et Nice : Une proposition ?

(Milli apparaît avec les cafés et le verre d'eau)

La survenante : Ah ! Tout vient à point à qui sait attendre. Posez tout ça là, Milli.

Milli : Doris ! Qu'est-ce qui se passe ?

Nice : C'est toi qui demandes ça ?

(Milli pose les boissons pendant que Nice aide Doris à se relever)

Doris : Approche un peu, Milli.

Milli : Qu'est-ce qu'il y a ? Je n'aime pas votre expression.

Doris : *JOLIE JOIE DE JAIS*, hein ?

Nice : Tu t'es laissée aller, hein ?

Doris : Et tu voulais écrire un recueil. *(Pause)* Plagiaire !

Nice : Imposteure !

Milli : Non ! Je vous en prie, je voulais vous le dire...

Nice : L'auteure pourrait te poursuivre !

Doris : Ton flair pour les génies littéraires t'aura au moins servi à quelque chose. Tu as eu le chic d'en plagier une. Dommage pour toi que tu ne lui aies pas piqué sa version finale. Elle a tout corrigé. Tout. Il n'y a rien à redire. *JOLIE JOIE DE JAIS* est un poème parfait. Ah ! Ce n'est pas Candice de LaFontaine-Rotonde qui pourrait nous pondre un truc pareil.

Milli : Qu'est-ce que tu racontes, Doris ? C'est un poème de Candice. Je l'ai arraché à ma copie de *PORTRAIT CHINOIS D'UNE IMPOSTEURE*...

(Les trois sœurs se retournent et font face à la survenante qui, entre temps, s'est démasquée)

La survenante : Alors, je ne serais pas capable d'écrire un truc pareil ?

Doris *(après un temps de sidération)* : Candice ?

Milli : Matrice ?

Nice : Maman ?

La survenante : Oui, mes enfants ?

Doris : C'est une blague. Ça ne se peut pas. Où sommes-nous ?

La survenante : Au théâtre, ma fille. *(À Milli et à Nice, pointant le pot géant)* Vous deux, empotez-la.

Doris : Quoi ? Vous ne pouvez pas faire ça. Vous ne pouvez pas me faire ça.

La survenante : C'est ma tête. C'est ma pièce. Je fais ce que je veux.

(Noir)

7. Déconstruction

Plateau télé. Indicatif musical. Inès est figée, une main sur son cœur et l'autre tenant son verre de scotch. Elle fixe Candice, qui porte son masque. Fin de l'indicatif musical. Silence.

Inès : Madame, Monsieur, Madame, Monsieur, Madame, Monsieur... De retour à "Portrait chinois" pour cet ultime segment de la saison, qui se terminera en... en beauté – oui ? – avec mon invitée, la dramatique... turge... la dramaturge... *(Elle prend une gorgée de scotch et se surprend d'avoir omis de se débarrasser de son verre avant de revenir en ondes)* Eh oui ! Je bois en ondes. On n'avait pas vu ça depuis les années soixante. Comme le temps passe !

(Inès pose son verre sur la table. Candice le prend dare-dare et le vide cul sec)

Candice : Ha ! Vous ne buvez pas de la rinçure, vous. C'est bon. Ça donne du cran. *(Pause)* Alors, Inès, où en étiez-vous ?

(Silence)

Inès : Avant la pause, je n'avais pas eu le temps de vous demander : si vous étiez un métier ?

Candice : C'est vous qui le savez. MOI, je viens juste d'arriver.

Inès : Répondez simplement à la question.

Candice : Quelle étoffe ! Vous ne vous laissez pas démonter, vous. Je vous admire. C'est pourquoi MOI, à votre question, je répondrais : animatrice culturelle. C'est un métier où les risques d'écueil sont élevés, et j'aime ça, j'aime ça, ce petit côté... kamikaze.

Inès : Répondez à la question, Candice.

Candice : Ah. Évidemment, c'est sa réponse à ELLE qui vous intéresse. Eh bien, je suis sûre que si elle était ici, elle vous répondrait : auteure dramatique.

Inès *(après un temps)* : Votre pièce, vos personnages, votre métier... *(S'énervant)* Ce n'est pas du jeu si vous êtes tout ce que vous voudriez être !

Candice : Ce que vous venez de dire est franchement épouvantable...

Inès *(tentant de réparer sa bévue)* : Je veux dire dans le cadre de "Portrait chinois"...

Candice : Mais le pire, c'est que vous avez raison !

Inès : Oui ?

Candice : Oui ! Quel ennui que la recherche d'authenticité ! Quel spectacle assommant ! Non, ce qui est intéressant, c'est la performance. *(Se frappant le crâne)* Il me semble que c'est facile à comprendre. À mort, la réalité. À mort, la vérité. Vive le jeu et les joueurs. Alors je joue, Inès. Je joue. Vous me demandez "si vous étiez un métier ?" et je vous réponds "animatrice culturelle". Ça, c'est jouer. *(Temps)* Candice vous en a fait voir de toutes les couleurs. A vous voir la tête, ça saute aux yeux. J'aurais dû insister, aussi. Pour faire cette entrevue. Avec vous. Depuis le début. J'y suis presque arrivée, mais au maquillage, j'ai craqué. Candice a pris le dessus.

(Pendant un moment, Inès est interloquée, pantoise même)

Inès : Mais qui êtes-vous ?

Candice : La question que je n'attendais plus ! *(Lui tendant la main)* Je suis sa femme de main. Comme un homme de main, mais en femme. Préposée aux sales jobs. C'est pour ça que je suis ici. Remarquez que c'est exceptionnel. D'habitude, je suis confinée dans sa chambre. En réalité, je travaille en fiction. *(Sur le ton de la confidence)* C'est ma première expérience dans la chair et dans l'os. Je ne savais pas si je serais capable, mais ça va bien, ça va bien... *(Reprenant un ton normal)* J'ai travaillé sur tous ses projets. Beaucoup de défrichage, des premiers jets, du travail ingrat, dans l'ombre, pas d'amour, bénévole, un bol d'eau, des miettes de pain, mais les mains dans les mots jusqu'aux coudes. Et enfin, l'investissement a porté fruits. Le Nouveau-Brunswick et *Portrait chinois d'une imposteure* sont arrivés, et j'ai eu ma chance. Une collaboration ambidextre, entière et totale. Jusqu'au dénouement. Sans relâche. Violent. Très violent, même. Ça répond à votre question ? *(Inès ne sait plus comment réagir, terrifiée qu'elle est sur son divan)* Cela dit, je commence à me demander pourquoi elle m'a envoyée ici. Vous êtes si calme dans votre siège. Si attentive. On n'a pas envie de vous torturer, mais plutôt de vous abrier [1] avec une petite couverture et de faire un feu pour vous réchauffer. *(Temps)* Mais je parle, je parle, et vous avez un portrait à brosser, une émission à conclure et peut-être d'autres projets personnels, que sais-je ? Alors, on termine ça en beauté ? Je suis prête.

(Silence. Soudain, la musique de "Bonne fête" vient mettre un terme à la débandade de l'émission. Un gâteau avec cinq bougies arrive du plafond, des coulisses, de quelque part)

Inès : Merci... Vous y avez pensé... Merci. Merci, merci, merci, merci... Madame, Monsieur, mes gens. C'est remplie d'une émotion peu commune et, surtout, surtout d'une reconnaissance sans borne que je souffre aujourd'hui... souffle... que je souffle aujourd'hui... *(Temps. Soupir)* Je ne sais plus où j'en suis...

Candice : Vous n'êtes pas seule.

(Candice ôte son masque. Regards en silence. Puis elle sort)

Inès *(après un temps)* : Elle s'en tire comment l'imposteure dans votre pièce ?

Candice *(off)* : Vous viendrez la voir. Vous avez sûrement été invitée.

(Silence)

---

1. Abrier : protéger en recouvrant.

Inès : Bon. Madame, Monsieur, je vous donne donc rendez-vous au Molosse Moquette Café pour voir *PORTRAIT CHINOIS D'UNE IMPOSTEURE* de Candice de LaFontaine-Rotonde. C'est tous les soirs du mois courant. Et ça commence ce soir. *(Temps)* C'était la dernière de "Portrait chinois", votre magazine culturel. Ici Inès Lusine qui vous dit... qui vous dit... Peu importe. On se reverra. *(Indicatif musical puis silence)* Ici Inès Lusine. *(Temps)* Inès Lusine. *(Temps)* Inès Lusine. Inès... Lusine... I... nès... L...

(Silence)

Vox maternalis : Tu t'en tires ?

(Inès souffle ses bougies. Lumière sur le manuscrit resté sur la table. Noir)

8. TORTURE

Les Éditions du Miroir de l'âme. Le columbarium est vide. Presque tous les pots aussi ; un bâillon dans la bouche, Doris est emprisonnée jusqu'au menton dans le pot géant, rempli à ras bord des cendres qu'ils contenaient. Milli et Nice y vident chacune un pot. Une main en forme de revolver et l'autre tenant le masque, la survenante supervise les opérations, jouant commentatrice, libérée et libératrice.

La survenante : Le camp d'extermination vient d'être libéré par la force d'intervention tactique, menée de main de maître par la générale Candice de LaFontaine-Rotonde *(tenant le masque comme Hamlet son crâne)* avec le soutien de sa femme de main, Dominick Parenteau-Lebeuf. Merci, camarade *(elle embrasse le masque)*, mais je n'ai plus besoin de toi. *(Elle jette le masque)* Extatiques, les prisonnières reconnaissantes acclament leur libératrice. *(Vivats et sauts de joie des quatre sœurs sous le plancher et de la survenante elle-même. Milli et Nice déposent leurs pots vides parmi les autres et prennent les deux derniers pleins. Saluant)* N'en faites pas tant. Je vous en prie. C'est tout naturel. *(Commentant)* Trente ans après le sauvetage qu'avait réussi son père, le général Rostand de LaFontaine, dans un camping du Nouveau-Brunswick, sa fille Candice réitère l'exploit dans sa tête ! N'est-ce pas ça, la formidable histoire de la filiation ? *(Chantant)* Libération ! Libération !

(Tirant avec son revolver virtuel sur Doris, Milli et Nice, qui esquivent) Paw ! Paw ! Paw ! *(Milli et Nice se dépêchent d'aller vider leurs pots dans le pot géant. La survenante passe "l'armée de pots" en revue)* Ah ! Mes pots. Les mêmes que dans l'enfance. Ceux que j'imaginais avoir dans le ventre. Un pour chaque aliment. Mon pot de dessert était toujours vide... et mon pot de navets toujours plein. Si j'avais su que des pots de bébé pouvaient être aussi mal recyclés... Sales petits vices cachés ! *(Rires et pleurs mêlés)* Quand vous étiez vides, mes petits pots, j'avais si faim que je mangeais tout ce qui me tombait sous la dent. Si j'avais croisé un navet, je l'aurais avalé. Si j'avais croisé mes enfants *(levant les yeux vers Milli et Nice)*, je les aurais croqués. *(Les poursuivant)* Miam ! Miam ! Miam ! *(Milli et Nice se sauvent et crient. Elles finissent par déposer leurs pots vides parmi les autres et se réfugier près du pot géant)* Mais ce sont nos enfants qui nous dévorent. Et même les plus vilains, ceux qui nous vampirisent sans pitié, on les aime de tout notre cœur et on les nourrit de tout notre corps. *(Elle coince le revolver virtuel dans son pantalon puis embrasse les trois sœurs sur la bouche)* Alors, mes terribles, terminé ? Sûres qu'il n'y en a pas d'autres ? *(Elle prend le pot des Trois Sœurs dans la poche de Nice)* Et ça, c'est quoi ?

Nice : Par pitié, non ! Pas Les Trois Sœurs !

La survenante : Agent double ! Traîtresse à la lignée !

Nice : Je suis faible... Enseigne-moi la force... Je t'en prie...

La survenante : Tu m'en pries ? *(Elle gifle Nice)* Va me vider ça. *(Pendant que Nice s'exécute)* Et après, tu vas aller réfléchir dans ton coin. Je vais t'apprendre, moi, de quel côté doit pencher l'ambivalence. La tête entre les jambes. Exécution ! *(Nice se met la tête entre les jambes. Milli se prend la poitrine et pousse un cri d'angoisse)* Et voilà ! *(Désignant les pots vides)* Cinq ans de loyaux sévices ! *(Elle pleure)* Et dire que tantôt vous étiez à court. Quel manque de pot ! *(Elle rit)* En tout cas. Elle n'a pas ménagé ses efforts, la Doris. Un vrai four crématoire. "Mon anthologie, mon œuvre." MEIN KAMPFT ! Voyons si elle est revenue à des sentiments plus nobles.

(La survenante lui retire son bâillon)

Doris : Vous me le paierez !

La survenante : Vous ? Moi ? Après toute cette... intimité ? Non ! *(Elle sort son revolver virtuel)* J'ai toujours rêvé de faire ça. *(Elle le place sur sa propre tempe)* Tutoie-moi. Allez, tutoie-moi !

Doris *(après un temps)* : Tu me le paieras !

La survenante : Bon. *(Coinçant le revolver virtuel dans son pantalon)* C'est ce que je me suis dit en débarquant ici. *(Lui remettant le bâillon)* Dire qu'il fut un temps où tu étais ma préférée. Tu me faisais être la meilleure, la fille chérie de Clémence, celle en qui elle fondait toute sa rédemption... toi, mon enfant chérie. Si j'avais su que les chouchous pouvaient aussi mal tourner... Sales petits vices cachés ! Et tout ça pour plaire à maman. Mais tu détestes sûrement que je remue ainsi les cendres. C'est trop tchékhovien... *(Doris jure à travers son bâillon. La survenante le lui enlève)* Tu disais ?

Doris *(avec difficulté)* : Tu aurais pu être une grande parmi les grandes...

La survenante : Ce n'est pas à toi de décider.

Doris : Mais tu n'es qu'une auteure ratée qui nous utilise pour sortir de sa misère littéraire.

(La survenante lui crache au visage)

La survenante : Finalement, j'aime plutôt t'entendre t'égosiller. Ce chant du cygne postmoderne, c'est... beau. *(Elle se tourne vers Milli)* Approche.

Doris : Ne lui obéis pas, Milli...

La survenante : Viens ici, j'ai dit. *(Milli approche de la survenante. Doris s'étouffe. Nice relève légèrement la tête pour pouvoir être témoin de la torture)* Merci pour le verre d'eau, Milli. J'en connais une qui en aurait besoin, mais malheureusement pour elle, *(elle cale son verre)* il n'y en a plus. Maintenant *(elle pose son verre)*, l'angoisse. *(Elle lui flatte la joue)* Tu n'en as jamais assez, hein, ma junkie ? Même Doris n'arrive plus à te fournir, hein ? Réduite à voler des poèmes inachevés pour se shooter. Lamentable ! T'en fais pas, ma toxique, j'ai dans ma musette la dose qui va te donner le trip de ta vie. *(Elle sort de son sac une poire d'angoisse)* Tu connais ? *(Non)* Comme si la mer ignorait le goût du sel ! *(Elle la gifle)* Ceci est une poire d'angoisse, petite sotte.

Milli : Une poire d'angoisse...

La survenante : Tu en veux ?

Milli : Si j'en veux...

La survenante : Alors, ouvre la bouche. Maman a de la bonne purée de poire pour toi.

Doris : Milli, ne fais pas ça !

(Milli ouvre la bouche. La survenante fait l'avion avec la poire d'angoisse comme si elle la nourrissait à la cuiller ; chaque fois qu'elle dira "une bouchée pour...", elle la lui rentrera dans la bouche pour la lui retirer aussitôt. Doris s'exprime difficilement à cause des cendres)

La survenante : Une bouchée pour maman...

Doris : C'est à moi que tu dois tes plus grands frissons...

La survenante : Une bouchée pour Doris...

Doris : Ferme ta bouche et donne-lui la crise de sa vie, Milli, tu m'entends ?

Nice : On ne peut pas, Doris... C'est maman...

La survenante : Relève la tête et redis ça, Nice.

Doris : Tu es la pierre angulaire de l'arsenal, Milli.

Nice *(se relevant)* : C'est moi, la pierre angulaire ! C'est moi !

Doris : Tais-toi, Nice !

Nice : On ne peut pas retourner l'arme contre elle ! C'est maman !

Doris : Bien sûr qu'on peut !

La survenante : Une bouchée pour Nice...

Nice : Dans le doute, il faut écouter sa maman.

Doris : Vas-tu te la fermer, bon sang ! Tu ne vois pas que j'essaie de...

(Doris s'étouffe une fois de plus)

La survenante : Vous entendez, mes chéries ? Doris veut vous bâillonner. Montrez-lui que vous ne vous laissez pas contrôler par n'importe qui. Allez, montrez-lui !

Nice *(criant)* : Maman ! Maman !

Milli *(criant)* : Je veux ma poire d'angoisse ! Je veux ma poire d'angoisse !

La survenante : Les faire boire à leur propre source, Doris. C'est ça, le secret. Et une bouchée pour Milli !

(La survenante introduit la poire d'angoisse dans la bouche de Milli et l'y coince. Milli se retrouve comme une statue béante et muette, ne pouvant plus parler que par les yeux)

Nice *(ad lib, bas)* : Quoi faire, maman, quoi faire ? Quoi faire, maman, quoi faire ?

Doris : Tu ne pourras pas te débarrasser de moi... Tu devras me pousser... comme un petit rocher... et je dégringolerai jusqu'en bas... et tu me repousseras jusqu'en haut... et ainsi de suite... jusqu'à ce qu'un jour... tu meures écrasée sous moi...

La survenante : Oui, ma Doris chérie, mais pour l'instant, nous sommes au théâtre et j'aurai le bonheur de te voir mourir tous les soirs pendant un mois.

Doris : Tu oublies que... tous les soirs... je renaîtrai de mes cendres...

La survenante : Je sais, mais il n'y a rien comme un traumatisme pour changer le cours des choses. *(Silence)* Nice... Tes sœurs...

Nice : Oui...

La survenante : Va les chercher et ramène-les ici.

Nice : Et Doris ?

La survenante : Pas de tes oignons. Pas de tes affaires. Va !

Nice : À tes ordres, maman ! *(Elle part en courant et disparaît. On l'entend crier dans les escaliers. Off)* Uranie ! Calliope ! Thalie ! Polymnie !

(Le calme règne dans le bureau des éditions)

Doris : Je suis prête à t'écouter... C'était quoi... ta proposition ?

(La survenante sort l'urne de Maman et PORTRAIT CHINOIS D'UNE IMPOSTEURE de son sac et la vide dans le pot géant)

La survenante : Tu n'avais qu'à lire la pièce. C'était écrit. Tout était écrit. Dans les moindres détails. Jusqu'à la fin. *(Elle pose l'urne et fait ce qu'elle dit)* La survenante sort son revolver virtuel avec lequel elle abat froidement sa fille aînée...

Doris : Non !

La survenante *(tirant sur Doris)* : Paw ! Paw ! T'es morte. *(Temps)* Et Doris la perfectionniste disparaît dans les cendres de la dramaturgie contemporaine et classique. Et dans les cendres de sa grand-mère, Clémence Rotonde. La survenante envoie un baiser d'adieu vers le pot. Elle tourne ensuite son regard vers Milli et lui dit : "Je reprends le contrôle de cette maison. Ce n'est pas une proposition, c'est une déclaration. Tu raconteras aux autres ce que tu as vu". La survenante se dirige vers la sortie – on entend des bruits de pas qui remontent de la cave et des voix de femmes qui parlent et rient entre elles – puis elle sort des Éditions du Miroir de l'âme. En fait, elle sort de sa tête.

(La survenante disparaît. Fondu au noir sur le bureau des Éditions du Miroir de l'âme. Noir)

ÉPILOGUE

Salle de maquillage. Les mains du maquilleur se posent sur le dossier de la chaise où Candice est assise, perdue dans ses pensées.

Le maquilleur : Voilà. Ça vous va ? *(Temps)* Candice ?

Candice : Hum ?

Le maquilleur : Où avez-vous la tête ?

Candice : Vous avez deux heures devant vous ?

Le maquilleur *(après un temps)* : Alors, ça vous va ?

Candice : C'est parfait. *(Elle se touche le visage)* Je me sens moins... plus... Merci.

Le maquilleur : Ce n'est rien. C'est mon métier.

(Silence)

Candice : Vous croyez qu'on s'en sort, un jour ?

Le maquilleur : Je ne connais qu'une entrée et je ne vois qu'une sortie.

Candice : Je peux vous la piquer ?

Le maquilleur : Oh l'imposteure !

Candice : Oui. C'est ça.

Le maquilleur : Allez, dépêchez-vous. Ne vous faites pas attendre. Ça fait bien, mais plus tard dans la vie.

(Candice se lève)

Candice : Vous viendrez voir ma pièce ?

Le maquilleur : Oui... Enfin... Non... Je...

Candice : Attendez. Ne dites rien. Vous... n'aimez pas le théâtre. *(Oui avec les mains)* Eh bien voilà ! Les maquilleurs.

Le maquilleur : Merde, Candice. Au plaisir.

(On voit la silhouette du maquilleur disparaître par la porte. Autour de Candice, tout devient noir. Seul son visage est éclairé)

Candice : Chacun de nous a un mythe fondateur. Une histoire qui raconte la genèse de nos eaux et de nos mouvements, de nos glaciers et de nos volcans, de nos pierres et de nos strates, de notre progéniture aimante et iconoclaste. Une histoire qui raconte la formation de notre monde et de ses créatures. Car le monde n'est pas dehors, le monde est dedans. Nous sommes tous des petits pays à la géographie accidentée, secoués par des révolutions, affaiblis par des maladies, ravagés par des conflits, des petits États contrôlés par de séduisants démagogues ou de cruels dictateurs contre lesquels nous fomentons des insurrections, mais que nous maintenons au pouvoir sans rime ni raison. Nous passons notre vie à rêver que nous comprenons notre peuple, que nous le soignons, que nous instaurons la démocratie et l'équilibre dans nos États fragiles. Et de temps à autre, nous nous réveillons et laissons le rêve agir sur nous. Et nous nous rendormons. Transformés. *(Temps)* Je suis Candice de LaFontaine-Rotonde. Femme. Image. Personnage. Matrice à mythologie. Déesse. Démone. Auteure.

(Noir final)

Illustration de couverture :
L'imposteure
Collage de Paule Baillargeon

Lansman Editeur

65, rue Royale B-7141 Carnières-Morlanwelz (Belgique)
Téléphone (32-64) 23 78 40 - Fax/Télécopie (32-64) 44 31 02
E-mail : lansman.editeur@freeworld.be
www.lansman.org

Portrait chinois d'une imposteure
est le quatre cent vingt-huitième ouvrage
publié aux éditions Lansman
et le cent quarante-cinquième
de la collection "Nocturnes Théâtre"

Les éditions Lansman bénéficient du soutien
de la Communauté Française de Belgique
(Direction du Livre et des Lettres),
de l'Asbl Promotion Théâtre et de la

SACD

Composé par Lansman Editeur
Achevé à l'imprimerie Daune (Morlanwelz)
Imprimé en Belgique
Dépôt légal : décembre 2003